Herausgegeben von oekom e.V. – Verein für ökologische Kommunikation

www.blauer-engel.de/uz195
- ressourcenschonend und umweltfreundlich hergestellt
- emissionsarm gedruckt
- überwiegend aus Altpapier

LQ6

Dieses Druckerzeugnis ist mit dem Blauen Engel ausgezeichnet.

Bibliografische Information der Deutschen Nationalbibliothek: Die Deutsche Nationalbibliothek verzeichnet diese Publikation in der Deutschen Nationalbibliografie; detaillierte bibliografische Daten sind im Internet über http://dnb.d-nb.de abrufbar.

© 2024 oekom, München
oekom verlag, Gesellschaft für ökologische Kommunikation mbH
Goethestraße 28, 80336 München

Umschlaggestaltung, Layout und Satz: Lone Birger Nielsen
Lektorat: Anke Oxenfarth, Marion Busch

Druck: Kern GmbH
Gedruckt auf 100% FSC-Recylingpapier (außen: Circleoffset White; innen: Circleoffset White), zertifiziert mit dem Blauen Engel (RAL-UZ 14)

Alle Rechte vorbehalten. Printed in Germany
ISBN 978-3-98726-129-9

oekom e.V. – Verein für ökologische
Kommunikation (Hrsg.)

Balanceakt

Vom Umgang mit Kipppunkten

Mitherausgegeben vom
Wissenschaftlichen Beirat des BUND

politische ökologie Die Reihe für alle, die weiter denken

Die Welt steht vor enormen ökologischen und sozialen Herausforderungen. Um sie zu bewältigen, braucht es den Mut, ausgetretene Denkpfade zu verlassen, unliebsame Wahrheiten auszusprechen und unorthodoxe Lösungen zu skizzieren. Genau das tut die *politische ökologie* mit einer Mischung aus Leidenschaft, Sachverstand und Hartnäckigkeit.

Die *politische ökologie* schwimmt gegen den geistigen Strom und spürt Themen auf, die oft erst morgen die gesellschaftliche Debatte beherrschen. Die vielfältigen Zugänge eröffnen immer wieder neue Räume für das Nachdenken über eine Gesellschaft, die Zukunft hat.

Herausgegeben wird die *politische ökologie* vom
oekom e.V. – Verein für ökologische Kommunikation.

Editorial

Haben Sie schon einmal einen Moment erlebt, der alles verändert hat – einen Punkt, an dem etwas gekippt ist und es kein Zurück mehr gab? Im Klimasystem sind solche Kipppunkte die Momente, an denen Veränderungen unumkehrbar werden, weil natürliche Systeme in einen neuen Zustand übergehen. Was danach genau passiert, ist nur teilweise absehbar. Sicher aber ist, dass drohende Kipppunkte wie das Schmelzen von Eisschilden, der Kollaps des Regenwaldes im Amazonas oder das Versiegen von Meeresströmungen nicht nur die Ökosphäre verändern, sondern auch tief in soziale und wirtschaftliche Strukturen hineinwirken, Ungleichheiten verstärken und den gesellschaftlichen Zusammenhalt gefährden können.

Doch Kippmomente bergen nicht nur Gefahren, sie eröffnen auch Chancen. Soziale Kipppunkte wirken oft als Auslöser für tiefgreifende positive Veränderungen. Wenn gesellschaftliche Werte sich wandeln, kollektive Bewegungen entstehen oder politische Umbrüche die Weichen neu stellen, kann dies den Übergang in eine gerechtere, nachhaltigere Welt beschleunigen. Progressive Dynamiken gilt es zu erkennen und gezielt zu unterstützen, um den Wandel aktiv zu gestalten, statt ihn nur zu erleiden.

Die Autor*innen dieser Ausgabe beleuchten, welche ökologischen und gesellschaftlichen Kipppunkte uns drohen, wie sie entstehen und welche Mechanismen ihnen zugrunde liegen. Dabei lassen sie keinen Zweifel daran, dass Kipppunkte die Zukunft weltweit bestimmen werden. Sie zeigen aber auch, wie wir sie noch abwenden oder gar nutzen können, um eine sozial-ökologische Transformation voranzutreiben. Denn der Balanceakt zwischen Kollaps und Stabilität ist machbar – wenn wir ihn mit Mut und Weitblick angehen.

Anke Oxenfarth
oxenfarth@oekom.de

Inhaltsverzeichnis

Auf der Kippe

Einstiege 12

Kritische Schwellen

Kippen, aber richtig 20
Von sozialen und ökologischen Kipppunkten
Von Matthias Goerres und Joachim Spangenberg

Am Limit 28
Einführung in das Konzept der planetaren Grenzen
Von Daniela Jacob, Julian Trutz Müller und Sebastian Sonntag

Da kippt was 36
Das Gesetz der fossilen Lügen und das Meinungsklima
Von Michael Adler

Gefährdete Gleichgewichte

40 Eine Unbekannte voller Risiken
Arktischer Permafrost
Von Jan Nitzbon und Josefine Lenz

48 Am Schmelzpunkt
Das Eis der Erde
Von Peter Lemke, Ingo Sasgen und Renate Treffeisen

55 „Trotz der kritischen Situation besteht noch Hoffnung"
Regenwald im Amazonas
Ein Interview mit Boris Sakschweski

60 Wenn Nährstoffe zum Problem werden
Eine kurze Geschichte der Eutrophierung
Von Justus E. E. van Beusekom

66 Anderes Denken führt zu besserem Handeln
Wasser- und Sanitärversorgung
Von Saravanan Subramanian

Stabilisierende Lösungen

74 Hoffen auf die naturgegebene Geheimwaffe
Blue Carbon
Von Tim Jennerjahn

81 Nachhaltig nutzen statt überlasten
Ökosysteme in Nord- und Ostsee
Von Monika Dittrich

86 Geht doch!
Hundert Prozent erneuerbare Energien
Von Gabriela Terhorst

92 Unabdingbar, aber keine Allheilmittel
Alternative Kraftstoffe für den Luft- und Seeverkehr
Von Nora Wissner

Impulse

Projekte und Konzepte 98

Spektrum Nachhaltigkeit

Krise als Katalysator 108
Wie Umweltorganisationen lernen, sich neu zu justieren
Von Michael Zschiesche und Franziska Sperfeld

Gefährliche Illusion und wachsende Risiken 112
Die Wiederentdeckung der Atomkraft
Von Angela Wolff

Nur grün greift zu kurz 116
Nachhaltige Finanzwirtschaft
Von Helge Wulsdorf

Rubriken

Editorial 7

Inhalt 9

Impressum 120

Vorschau 121

Für die gute inhaltliche Zusammenarbeit und die finanzielle Unterstützung danken wir dem Wissenschaftlichen Beirat des

Auf der Kippe

Räumliche Verteilung der globalen und regionalen Kippelemente im Erdsystem

Die Graustufen bezeichnen den Temperaturbereich, in dem ein Kippen wahrscheinlich wird.

Grönlands Eisschild
Verlust

Nordische Nadelwälder
Ausbreitung Richtung Norden

Boreale Permafrostböden
plötzliches Abtauen

Zirkulation Labrador ur Irminger-M
Kollaps

Atlantische Umwälzzirkulation
Versiegen

○ Regionale Kippelemente

● Kern-Kippelemente des Erdsystems

Amazonas Regenwald
Absterben

Gebirgsgletscher
Verlust

Kippen wird wahrscheinlich im Bereich von
1,5 – <2,0
2,0 – 3,7
3,7 – 6,0
>6°C
globaler Erwärmung.

Westantarktischer Eisschild
Verlust

Version 1.1 · 2023

Auf der Kippe

Arktisches Winter-Meereis Kollaps

Barents Meereis abrupter Verlust

Boreale Permafrostböden Kollaps

Nordische Nadelwälder Absterben im Süden

Vegetation im Sahel und Westafrikanischer Monsun Ergrünen

Korallenriffe in niedrigen Breiten Absterben

Ostantarktischer Eisschild Verlust

Ostantarktis: Subglaziale Einzugsgebiete Verlust

_ Quelle: Abbildung designed am PIK (unter CC-BY Lizenz), wissenschaftliche Grundlage: Armstrong McKay et al., Science (2022).

Auf der Kippe

STIMMEN AUS DEM AMAZONAS

„Die Auswirkungen des Rauchs in diesem Jahr waren enorm, wegen der riesigen, lang anhaltenden Waldbrände. Es ist schwierig, überhaupt den Himmel zu sehen. Der Rauch vernebelt alles, er verschlechtert die Luftqualität sehr. Wir sind vollständig vom Wald und den Flüssen abhängig, um zu überleben. Die Menschen hier benutzen das Flusswasser zum Baden und Trinken, und in einer Krise wie dieser wird der Zugang zu Wasser viel eingeschränkter. Ich denke, alles ist miteinander verbunden, und wenn es hier ein Ungleichgewicht gibt, wird es auch andere Regionen beeinflussen. **ALS ICH EIN KIND WAR, HÖRTE ICH, DASS SO ETWAS EINES TAGES PASSIEREN WÜRDE, ABER ICH HABE ES NICHT GEGLAUBT. HEUTE ERLEBEN WIR ES."**

Ana Julia Crânio Cruz
Kambeba-Indigene, Vereinigung indigener Frauen des Mittleren Solimões, Amazonas, Brasilien

„Studien haben gezeigt: Wenn wir Wälder roden und die Vegetation entfernen, verändert das die Niederschlagsmuster. Die Regenzeiten verändern sich also abhängig von der Abholzung dieser Vegetation. Dies haben wir bereits in den klimatologischen Daten der letzten 50 Jahre beobachtet, und zukünftige Prognosen deuten auf eine Verlängerung der Trockenzeit hin, insbesondere im Südwesten des Amazonasgebiets. **INDIGENE FÄLLEN KEINEN EINZIGEN BAUM**. Aber die Tatsache, dass ihr Lebensunterhalt fast ausschließlich von natürlichen Ressourcen abhängt, bringt sie in eine verwundbare Lage."

João Gobo
Federal University of Rondônia (UNIR).
Der Geograph untersucht die menschliche Biometeorologie
in Bezug auf die indigenen Gemeinden von Rondônia, Brasilien

„Dieses Jahr erlebt der Amazonas die schlimmste Dürre, die jemals aufgezeichnet wurde. Der Wald hat einen natürlichen Rhythmus von steigenden und fallenden Flüssen, aber seit den 1990er-Jahren treten schwere Dürren häufiger und intensiver auf, besonders schlimm ist es seit 2015 geworden. Es ist erschreckend, aber wir können nicht sagen, dass wir nicht wussten, dass dies eine der möglichen Folgen der massiven Abholzung des Waldes und der Treibhausgasemissionen durch die Verbrennung fossiler Brennstoffe ist – der von Menschen verursachte Klimawandel. Er ist jedoch intensiver und umfassender eingetreten als erwartet. Die Abholzung geht trotzdem weiter, und die Brände, die ebenfalls durch den Klimawandel zunehmen, zusammen mit Dürren und verringerten Niederschlägen, sind Anzeichen dafür, dass der Amazonas sich einem Punkt nähert, an dem er sich nicht mehr erholen und die Ökosystemdienstleistungen nicht mehr bereitstellen kann, die er uns bislang bietet. **ICH BIN VERZWEIFELT, DIES IN MEINER GENERATION ZU ERLEBEN UND ALL DAS LEID ZU SEHEN,** das es den Menschen zufügt, die im Wald leben, ihn verteidigen und von ihm abhängig sind, um zu überleben."

Rômulo Batista
Biologe, Greenpeace-Kampagnenleiter in Brasilien, Amazonas, Brasilien

„Wir erleben gerade eine große Dürre – vor zehn Jahren hatten wir solche Probleme noch nicht. Die Trockenheit beeinflusst unsere Lebensweise erheblich, bestimmt zum Beispiel wann und wo wir erfolgreich fischen können. Außerdem hat es viel Abholzung gegeben, denn große Viehzüchter roden das Land und Landräuber dringen in indigene Gebiete ein. **OHNE DEN WALD KÖNNEN WIR NICHT LEBEN. UNSERE SPIRITUALITÄT IST MIT DEM WALD VERBUNDEN.** Und die Folge der Waldzerstörung ist: Das Klima wird immer heißer."

Breno Karitiana
Häuptling des Dorfes Bejarana, in Rondônia, Brasilien

_ Quelle: Diese Stimmen wurden von Greenpeace Brasilien im Herbst 2024 eingefangen und übersetzt.

Kipppunkte in eine bessere Zukunft

„Die Existenz von Kipppunkten bedeutet, dass die Zeit des „Business as usual" vorbei ist. In der Natur und in der Gesellschaft vollziehen sich rasante Veränderungen, und es werden noch mehr kommen. Wenn wir unseren Regierungsansatz nicht überarbeiten, könnten diese Veränderungen die Gesellschaften überfordern, da die natürliche Welt rapide aus den Fugen gerät. Alternativ könnten kollektive Interventionen mit globalen Notfallmaßnahmen und angemessener Regierungsführung die Kraft positiver Kipppunkte nutzen und so den Weg in eine blühende nachhaltige Zukunft ebnen."

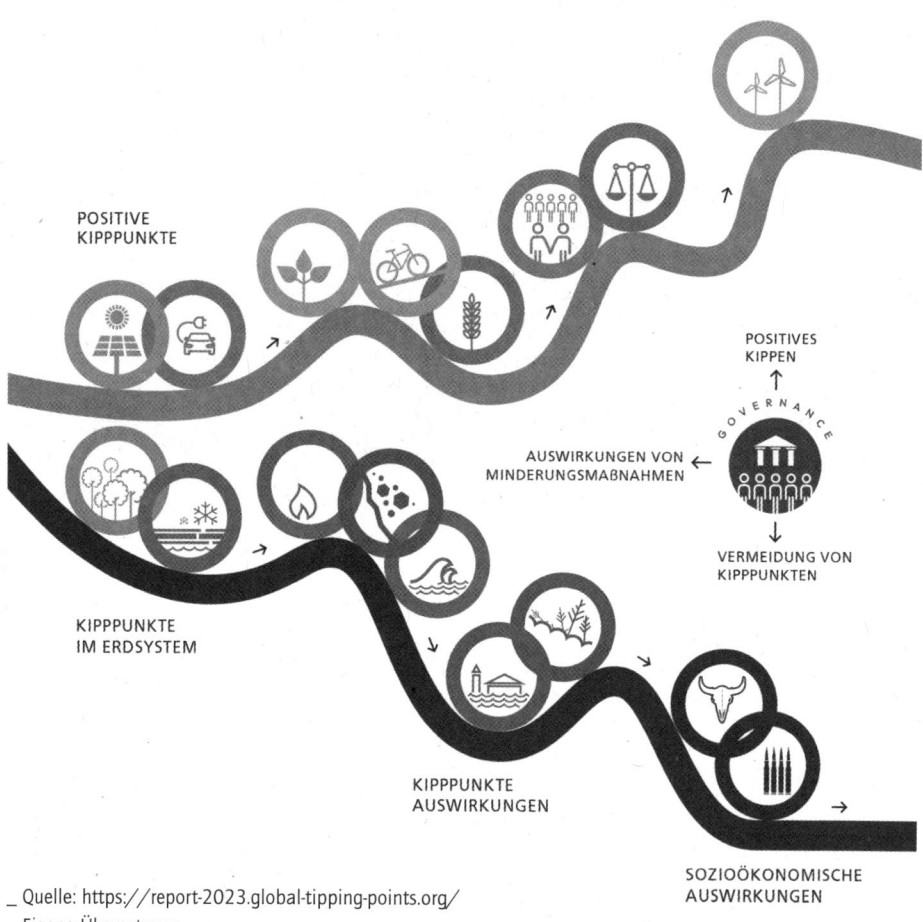

_ Quelle: https://report-2023.global-tipping-points.org/
Eigene Übersetzung.

„Der Kipppunkt ist der magische Moment, in dem eine Idee, ein Trend oder ein soziales Verhalten eine Schwelle überschreitet, kippt und sich wie ein Lauffeuer ausbreitet."

_ Quelle: Gladwell, Malcolm: The Tipping Point:
How Little Things Can Make a Big Difference. Boston 2000.

Wohlergehensökonomie und planetare Grenzen

„Es wird notwendig sein, soziale Kipppunkte zum Positiven auszulösen, bevor die vom Menschen verursachten physischen Kipppunkte des Erdsystems die Handlungsspielräume zu sehr einschränken. Harte demokratische Aushandlungsprozesse über mehrheitsfähige Lösungen sind notwendig. Das bedeutet einen respektvollen und wissenschaftsbasierten öffentlichen Diskurs mit dem Ziel, einen Konsens dazu zu finden, was wie verändert werden muss – jetzt und in Zukunft. […]
Niemand kann heute wissen, welche Maßnahmenmischung es am Ende gewesen sein wird. […] Ein grundlegender gesellschaftlicher Veränderungsschritt wird sein, das heutige nicht nachhaltige Wirtschaftssystem hin zu einer Wohlergehensökonomie umzubauen – also einer Ökonomie, die ein gutes Leben innerhalb der planetaren Grenzen für alle sichert und nicht dem Wirtschaftswachstum als Selbstzweck dient."

_ Quelle: Club of Rome / Wuppertal Institut (Hrsg.):
Earth for All Deutschland, München 2024.

Soziale Kippmechanismen im Klimawandel

Um die Ziele des Pariser Abkommens zu erreichen und einen gefährlichen Klimawandel zu verhindern, braucht es einen radikalen gesellschaftlichen Wandel innerhalb von nur 25 Jahren. Sechs soziale Kippelemente könnten für einen schnellen Übergang in eine kohlenstoffneutrale Welt sorgen. Das Beste daran: Sie lassen sich durch gezielte Interventionen auslösen. (ao)

Kippmechanismus	Interventionen
1. Energieproduktion und -speicherung	Subventionen für fossile Energieträger abschaffen, Anreize für dezentralisierte Energieerzeugung bieten
2. Menschliche Siedlungen	Klimagerechten Städtebau und CO_2-neutrale Bauweisen fördern
3. Finanzmarkt	Divestment: Investitionen aus fossilen Industrien abziehen
4. Normen und Wertesystem	Moralische Konsequenzen der Nutzung fossiler Energieträger aufzeigen
5. Bildungssystem	Klimabildung und -engagement stärken, um ein Gefühl für CO_2-neutrale Lebensweisen zu vermitteln
6. Informationsfeedback	Transparenz: Informationen zu Treibhausgasemissionen offenlegen

_ Quelle: Otto, Ilona M. et al. (2020): Social tipping dynamics for stabilizing Earth's climate by 2050. Eigene Übersetzung und Darstellung.

KRITISCHE SCHWELLEN

Die Erde ist ein dynamisches System. Doch menschliches Handeln hat dafür gesorgt, dass zunehmend kritische Grenzen überschritten werden und vieles zu kippen droht. Kipppunkte markieren den Übergang von Stabilität zu Unsicherheit, mit oft irreversiblen Folgen. – Was hat sich politisch durch das Konzept der planetaren Grenzen verändert? Wie wirken sich Kipppunkte auf Gesellschaft und Ökosysteme aus? Wodurch kippt die öffentliche Debatte?

Von sozialen und ökologischen Kipppunkten

Kippen, aber richtig

Während wir im Erdsystem auf grundlegende Veränderungen zusteuern, wanken auch soziale und wirtschaftliche Strukturen. Ob Klimakrise, Artensterben oder Ungleichheit – überall sind kritische Schwellenwerte erreicht. Um das Ruder herumzureißen, braucht es tiefgreifende gesellschaftliche und wirtschaftliche Reformen. Eine Bestandsaufnahme.

Von Matthias Goerres und Joachim Spangenberg

Unser Erdsystem steuert auf einen Wendepunkt zu. Es ist ein komplexes, sich ständig entwickelndes System. Die Veränderungen sind daher weitgehend irreversibel, es gibt keinen Weg zurück zum Status quo ante. Konkret heißt das: Selbst wenn die Erderwärmung nach Überschreiten kritischer Grenzen wieder auf 1,5 Grad Celsius (°C) gesenkt würde, wird sich ein kollabierter Tropenwald nicht erneut klimaprägend entfalten können. Auch der Nordpol würde nicht wieder zufrieren. Außerdem würde der erhöhte Meeresspiegel für mehrere Jahrtausende nicht auf sein früheres Niveau zurücksinken.

Zahlreiche wissenschaftliche Studien warnen davor, dass das globale Klimasystem und andere natürliche Kreisläufe durch menschliche Einwirkung in einen Zustand versetzt werden könnten, in dem sie ihre Stabilität unwiederbringlich verlieren (vgl. S. 28 ff.). Viele Elemente des Erdsystems können äußere Einflüsse zunächst abpuffern, sind dann gestresst, erscheinen aber noch stabil und unverändert. Irgendwann wird es aber zu viel, ein Schwellenwert ist erreicht und ein weiterer Tropfen bringt das Fass zum sprichwörtlichen Überlaufen. Dann ist ein Kipppunkt überschritten. Typische Kennzeichen eines Kipppunktes sind beschleunigte Veränderungen nach dem Überschreiten einer Schwelle, die sich oft durch Rückkopplungseffekte selbst verstärken. Die Entwicklung lässt sich dann weder aufhalten noch steuern, solange bis ein ganz anderer, wieder stabiler und oft irreversibler Systemzustand erreicht ist, an den sich Gesellschaft und Wirtschaft dann anpassen müssen. Die neuen Systemzustände könnten die Lebensbedingungen auf der Erde grundlegend verändern – mit potenziell verheerenden Folgen für die Menschheit. Wahrscheinlichkeit und Tiefe einer solchen Systemtransformation sind durch Rückkopplungsschleifen und Kipppunkte im Erdsystem geprägt. Wird beispielsweise eine planetare Grenze überschritten, verschieben sich auch andere Kipppunkte, das System wird insgesamt empfindlicher. So kann es passieren, dass das Überschreiten einer Systemgrenze andere beeinflusst, und dort ebenfalls zu Grenzüberschreitungen beiträgt.

Rückkopplungen führen zu Kippkaskaden

Die positive Rückkopplung der Kipppunkte und der damit drohende Domino-Effekt wird als Kippkaskade bezeichnet. Je stärker die planetaren Grenzen überschritten werden, desto näher kommen wir jener Kippkaskade. Die planetaren Grenzen, wie das sich wandelnde Klima, Biodiversität und Umweltintegrität, definieren nicht nur ökologische Schwellenwerte, sondern haben auch tiefgreifende und potenziell irreversible Auswirkungen auf das sozio-ökonomische Gefüge: Wenn Weizen und Mais aufgrund der Klimabedingungen in Mitteleuropa nicht mehr wachsen, wenn die Bewässerung von landwirtschaftlichen Kulturen wegen – zumindest temporärer – Wasserknappheit unmöglich wird, wenn Obst und andere Nahrungsmittel mangels Bestäubern nicht mehr gedeihen, wenn die klimabedingten Gesundheitskosten so hoch werden, dass die Gesundheitssysteme kollabieren, dann besteht das Risiko eines umfassenden gesellschaftlichen Zusammenbruchs.

Wann die ökologischen Grenzen überschritten werden, ist kaum exakt vorhersagbar – auch, weil die Rückkopplungsschleifen noch nicht vollständig in Klimamodelle integriert sind. Die derzeitigen Pläne zur Emissionsreduzierung reichen daher möglicherweise nicht aus, um die künftige Erderwärmung angemessen zu begrenzen.

Soziale Systeme sind noch einmal um eine Größenordnung komplexer, sodass Prognosen hier nicht möglich sind. Aber die Wichtigkeit von Anpassungsprozessen lässt sich kaum überbewerten. Das ökologische, aber auch das soziale »Kipp-Risiko« steigt, das zeigen neuere Studien, mit jedem Zehntelgrad über 1,5 °C Erderhitzung an – und dass bei einem Anstieg von über 2,0 °C noch mal deutlich schneller.

Wo es schon kippt

Zu den Kippelementen des globalen Klimasystems zählen Eis- und Permafrostsysteme, Strömungssysteme und Ökosysteme. In einigen Fällen ist der Kipppunkt bereits erreicht oder sogar überschritten.

▫ *Eis- und Permafrostsysteme:* Eisschilde und subglaziale Becken der Ostantarktis, das arktische Wintereis und die Gebirgsgletscher des Himalayas sind voraussichtlich erst längerfristig gefährdet. Die Kipppunkte für den Permafrost im Norden Eurasiens und Nordamerikas sowie die arktischen Küstengewässer, die große Mengen an organischem Kohlenstoff und Methanhydrat speichern, und das Grönlandeis dürften ihren Kipppunkt innerhalb der nächsten fünf bis zwanzig Jahre erreichen. Für das arktische Sommereis und die Gletscher außerhalb des Himalayas sowie für das westantarktische Eisschild, dessen Abschmelzen den weltweiten Meeresspiegel um drei bis vier Meter erhöhen wird, ist der Kipppunkt wohl schon überschritten und die Entwicklung unaufhaltsam, was katastrophale Folgen für Inseln und Küstenregionen weltweit haben wird – offen ist, wie schnell das vor sich gehen wird, mit Schätzungen, die zwischen Jahrzehnten und Jahrtausenden streuen. Kurzfristig sehen sich die Wintersportregionen der Welt vom Aus bedroht, aber auch die Bewohner*innen von Bergtälern leben gefährlich, denn viele Gebirgshänge werden bisher vom nun tauenden Dauerfrost stabilisiert (vgl. S. 40 ff. und 48 ff.). Der schon jetzt zunehmend schneller steigende Meeresspiegel zwingt die Bewohner*innen von Atollen und flachen Inseln dazu, ihre Heimat aufzugeben. Hier und andernorts sind diejenigen, die am wenigsten zur globalen Polykrise beigetragen haben, ihre am stärksten betroffenen Opfer. Krisenbekämpfung ist daher eine Frage der sozialen Gerechtigkeit, national wie global.

▫ *Strömungssysteme:* Die bekanntesten Luftzirkulationen sind El Niño und La Niña sowie die Monsune, die in weiten Teilen Indiens, Chinas und Südostasiens für die regelmäßigen Regenfälle sorgen. Sie weisen schon jetzt zunehmende Irregularitäten auf (eine Ursache für die aktuellen Dürren und Überflutungen in diesen Ländern). Mittelfristig sind sie vom Zusammenbruch bedroht – und damit auch die Ernährungsgrundlage mehrerer Milliarden Menschen. Die wichtigste globale Wasserzirkulation ist die Atlantische Umwälzströmung, englisch kurz AMOC genannt. Ihr nördlicher Arm ist als Golfstrom für das milde Klima Europas verantwortlich, ohne ihn würde Europa sich dramatisch abkühlen. Die AMOC ist ein Kippelement mit weitreichenden Folgen für Niederschläge, Oberflächentemperaturen und Ökosysteme weltweit. An Land ist absehbar, dass der Mangel an Wasserreserven und landwirtschaftlichen Nutzflächen weltweit katastrophale Folgen für den Agrarsektor haben wird. Im Meer sorgt AMOC sorgt dafür, dass warmes Wasser aus den Tropen nach Norden transportiert wird, während kaltes Wasser in tiefere Meeresschichten absinkt. Das hat großen Einfluss auf die Verteilung von Nährstoffen in den Ozeanen und damit auf Ökosysteme und marine Nahrungsquellen (vgl. S. 60 ff.). So sind die Fischfangerträge schon in den letzten zwanzig Jahren weltweit zurückgegangen. Noch ist Fisch die wichtigste Nahrungsquelle für mehr als 3,1 Milliarden Menschen und stellt 20 Prozent der tierischen Proteinzufuhr bereit.

> **Die planetaren Grenzen definieren nicht nur ökologische Schwellenwerte, sondern haben auch tiefgreifende und potenziell irreversible Auswirkungen auf das sozio-ökonomische Gefüge.**

Bei einem Zusammenbruch des Zirkulationssystems, in Verbindung mit Überfischung, Meeresversauerung und -erwärmung, und – dem neuesten Trend – einem großflächigen Tiefseebergbau, ist diese Nahrungsquelle gefährdet. Denn die Hoffnungen auf einen Ersatz durch Aquakultur sind unter solchen Bedingungen mit Skepsis zu betrachten. Dieser Kipppunkt könnte in den nächsten fünf bis 25 Jahren überschritten werden. Aufgrund einer Rückkopplung zwischen atmosphärischer Feuchte und auflandigem Wind könnte bei ein bis drei Grad Celsius durchschnittlicher globaler Erwärmung ein Sommermonsun-System in der Sahelzone einsetzen.

Ökosysteme: Verschiedene Lebensräume weisen ebenfalls relevante Kippelemente auf. Für die Nadelwälder des hohen Nordens dürfte der Kipppunkt wenige Jahrzehnte entfernt sein, während er für den Amazonas-Regenwald – einen der wichtigsten »Kohlenstoffspeicher« der Welt, der große Mengen CO_2 bindet – infolge von Abholzungen und Klimawandel binnen weniger Jahre bevorsteht, wenn er nicht schon erreicht ist (vgl. S. 55 ff.). Teile des Amazonas sind inzwischen (wie die deutschen Wälder) von Kohlenstoffsenken zu Quellen geworden.

Für fast alle Korallenriffe der niedrigen Breitengrade gibt es keine Rettung mehr – der Kipppunkt ist überschritten. Korallenriffe sind für das marine Leben von zentraler Bedeutung, da sie Lebensräume für eine Vielfalt von Arten bieten. Ihr Absterben könnte einen Kipppunkt darstellen, der das gesamte marine Biom destabilisiert. Der Verlust der Korallenriffe bedroht nicht nur die biologische Vielfalt, sondern damit auch die Nahrungsversorgung von Millionen von Menschen und den Schutz vor Küstenerosion. Ozeane nahmen bisher etwa ein Drittel des vom Menschen erzeugten CO_2 auf, was zu ihrer Versauerung geführt hat, aber die Absorptionsraten sinken.

Soziale Kipppunkte

Schwellenwerte und Kipppunkte gibt es in ökologischen wie in Wirtschafts- und Gesellschaftssystemen. In allen Fällen ist es schwierig, ihre exakte Lage vorherzusagen – dass man sie überschritten hat, merkt man meist erst hinterher, wenn es zu spät ist. Ein solcher Kipppunkt wurde etwa in der Finanzkrise überschritten, als die erste Großbank kollabierte, die Fragilität der Finanzmarktkonstruktionen offensichtlich wurde und die gesamte Finanzindustrie vom – vorher oft verteufelten – Staat gerettet werden musste. Ein anderer Kipppunkt zeigte sich in den Öl- und Gaspreiskrisen von 1972, 1978 und 2022, die zu einer weitreichenden Restrukturierung des Energiesystems führten (vgl. S. 86 ff.).

Der eindrücklichste politische Kippeffekt war der Zusammenbruch von Sowjetunion und Warschauer Pakt vor 30 Jahren, ausgelöst durch ökonomische und soziale

Verwerfungen. Gleiches gilt auch für die französische Revolution 200 Jahre früher. Heute drohen Systemwechsel – wenn sie nicht schon manifest sind – in den „illiberalen Demokratien" Ungarns und unter Führer*innen von Rechtsaußenparteien wie Meloni, Le Pen und Weidel. Ziel der Politik kann es also nicht sein, alles laufen zu lassen, bis die Grenzen erreicht sind, und dann (möglichst) anzuhalten. Es muss einerseits vielmehr darum gehen, der Gefahrenzone so fern wie möglich zu bleiben, und andererseits, sich auf Krisen adäquat vorzubereiten.

> **Das erforderliche Ausmaß und Tempo des Wandels lässt sich nur mit ausreichender öffentlicher Zustimmung erreichen.**

Wir sind schon heute so nahe an den Kipppunkten des Erdsystems, dass die gezielte Erzeugung und Aktivierung positiver Kipppunkte zur Umlenkung wirtschaftlicher und gesellschaftlicher Trends die einzige realistische Option zur Begrenzung des systemischen Risikos sind. Das erfordert politisches und soziales Handeln, Verhaltens- und Normenänderung, erhebliche finanzielle Investitionen sowie technologische Innovation. Der Stromsektor hat in vielen Ländern vor Kurzem den Kipppunkt der Kostenparität für die Stromerzeugung aus erneuerbaren Energien überschritten. Aber die Dynamik der Dekarbonisierung wird bisher durch Milliardensubventionen für fossile Energien gebremst, die daher dringend abgebaut werden müssen. Zusätzlich fehlen weiterhin Maßnahmen zur Vermeidung energieintensiver und zur Verlagerung auf weniger energieintensive Aktivitäten, also Suffizienzpolitik. Ein Revival von Kohle- und Atomkraft wird es jedoch nicht geben, aber die vergeblichen Bemühungen darum können Zeit und Geld kosten, die dann für den Klimaschutz fehlen.

Die wichtigste politische Maßnahme wäre die Einführung und Durchsetzung strenger sektorspezifischer Grenzen und Ziele, die technische und organisatorische Innovationen erzwingen und auf andere Bereiche ausstrahlen – so entstehen positive Kippkaskaden. Diese Chance bot das Klimaschutzgesetz mit seinen Sektorzielen, die aber auf Druck der FDP – die in ihren Zuständigkeitsbereichen nichts zu deren Durchsetzung unternommen hatte – beseitigt wurde. Stattdessen wird durch technische Scheinlösungen wie CCS (CO_2-Abscheidung und Speicherung) mit Milliardenaufwand das Überleben der Fossilwirtschaft vom Bundeswirtschaftsminister gesichert (vgl. S. 74 ff.).

Das erforderliche Ausmaß und Tempo des Wandels lässt sich nur mit ausreichender öffentlicher Zustimmung erreichen. Statt mit Beschleunigungsgesetzen und „Deutschland-Tempo" Beteiligungsrechte abzubauen, müsste die Öffentlichkeit in die relevanten Entscheidungsprozesse einbezogen und ein klares Verständnis für die enormen Chancen – gerettete Leben, verbesserte Gesundheit und Wohlbefinden, bessere Arbeitsplätze, saubere und billige Energie – wie auch für die Risiken des raschen Wandels vermittelt werden.

Krisenvorbereitung und Klimaanpassung sind zusammen mit einer ehrlichen Kommunikation, die die Lasten der Transformation nicht verschweigt, aber gerade den sozial Schwächeren Hilfen anbietet, nicht nur notwendig, um die Überforderung der Institutionen zu vermeiden, sondern auch, um die beschädigte Glaubwürdigkeit von Politik und staatlichem Handeln wiederherzustellen. Das Ohr an den Sorgen der Bürger*innen zu haben, „Kümmerer" zu sein, nach Lösungen gemeinsam zu suchen und Versprechen einzuhalten, stärkt die Demokratie und entzieht einem der aktuell stärksten Transformationshindernisse, dem Erstarken des Rechtsradikalismus (nicht nur in der AfD!), den Boden.

Positive Kippkaskaden vorantreiben

Die Vermeidung ökologischer Kipppunkte durch das Einhalten der planetaren Grenzen ist von zentraler Bedeutung für das Fortbestehen unserer Zivilisation. Um dies zu erreichen, sind tiefgreifende gesellschaftliche und wirtschaftliche Veränderungen nötig, die nachhaltige Wirtschaftssysteme entwickeln, soziale Gerechtigkeit stärken und die internationale Zusammenarbeit verbessern – Transformationen, die ihrerseits nur durch positive Kippkaskaden rechtzeitig wirksam werden können. Das würde eine realistische Chance bieten, um globale Kipppunkte zu verhindern oder zumindest abzuschwächen. Der Schutz der planetaren Grenzen ist daher nicht nur eine ökologische, sondern auch eine gesellschaftliche und politische Notwendigkeit, um eine nachhaltige und gerechte Zukunft für alle zu sichern.

Quellen
(1) Lenton, T. M. et al. (2023): The Global Tipping Points Report 2023: 'Summary Report', University of Exeter, Exeter.
(1) Rahmsdorf, S. et al. (2019): Kipppunkte im Klimasystem – ein kurzer Überblick. Potsdam-Institut für Klimafolgenforschung, Potsdam.

Was bringt Sie an Ihren emotionalen Kipppunkt?
a) Ungerechtigkeit, Fake News und Populismus – die bedauerlicherweise meist auf Kosten der Natur gehen.
b) Wenn Verantwortungsträger sich weigern, Verantwortung zu übernehmen krieg ich die Kippkaskade!

Zu den Autoren
a) Matthias Goerres ist Umweltmanager (MSc) und Geograph (BSc). Er koordiniert derzeit eine Potenzialstudie zu natürlichem Klimaschutz in den Nationalen Naturlandschaften und ist Bundesarbeitskreissprecher für Meere und Küsten im Wissenschaftlichen Beirat des BUND.
b) Joachim Spangenberg ist Biologe und Volkswirt. Er arbeitet beim Forschungszentrum Jülich, ist Mitglied des Wissenschaftlichen Komitees der Europäischen Umweltagentur und Vorsitzender des Wissenschaftlichen Beirats des BUND.

Kontakt
Matthias Goerres, Dr. Joachim Spangenberg
Bund für Umwelt und Naturschutz Deutschland e. V. (BUND)
E-Mail matthias.goerres@bund.net
joachim.spangenberg@bund.net

Einführung in das Konzept der planetaren Grenzen

Am Limit

Vor 15 Jahren setzte ein Konzept neue Maßstäbe im Umgang mit verschiedenen ökologischen Krisen. Dadurch verschob sich der Blick von isolierten Problemen hin zu globalen Zusammenhängen und ihren Auswirkungen auf die Menschheit. Die wissenschaftliche Debatte daüber ist weit fortgeschritten, die politische Umsetzung hinkt noch hinterher.

Von Daniela Jacob, Julian Trutz Müller und Sebastian Sonntag

——— Mit der Entwicklung des Konzepts der planetaren Grenzen im Jahr 2009 identifizierten die Forscher*innen um Johan Rockström zentrale Prozesse des Erdsystems und bestimmten deren Grenzen, Schwellenwerte und Gefahrenzonen. Ziel war es, einen sicheren Handlungsrahmen für die Menschheit zu definieren, um irreversible Umweltveränderungen zu vermeiden. Das Forschungsteam definierte neun planetare Grenzen und quantifizierte sieben von ihnen:

1. Klimakrise: CO_2-Gehalt unter 350 Anteilen pro Million (parts per million, ppm)
2. Ozeanversauerung: Säuregehalt unter vorindustriellem Niveau
3. Ozonloch: Ozonschicht-Verringerung um maximal fünf Prozent
4. Stickstoff- und Phosphorkreislauf: Begrenzung auf natürliche Niveaus
5. Süßwasserverbrauch: Unter 4.000 Kubikmeter pro Jahr
6. Landnutzung: Weniger als 15 Prozent für den Ackerbau
7. Artensterben: Weniger als zehn Arten pro Million jährlich

Verschmutzung durch Chemikalien und Partikel wurde benannt, aber nicht quantifiziert.

Bereits 2009 stellte das Forscherteam fest, dass drei der neun Grenzen überschritten waren: Klimakrise, Artensterben und Stickstoffkreislauf. (1) Diese Feststellung unterstrich schon damals die Dringlichkeit globaler Maßnahmen zur Einhaltung der planetaren Grenzen. Denn planetare Grenzen markieren Bereiche, jenseits derer die Stabilität des Erdsystems zunehmend unsicher wird und irreversible Umweltveränderungen wahrscheinlicher werden.

Die Expert*innen betonten die enge Verknüpfung der Grenzen. Veränderungen in einem Bereich beeinflussen andere. Das Konzept etablierte eine globale, systemische Perspektive. Es knüpft an die – von Paul Crutzen 2002 entwickelte – Idee des Anthropozäns als neues geologisches Zeitalter an, in dem der Mensch zum dominierenden Faktor für planetare Veränderungen geworden ist. Dies hebt die zentrale Rolle menschlicher Aktivitäten bei der Überschreitung der planetaren Grenzen hervor. Die Autor*innen verfolgten das Ziel, ein Konzept zu entwickeln, das über die inkrementelle Analyse einzelner Umweltbereiche hinausgeht und ein umfassendes, systemisches Verständnis der globalen ökologischen Herausforderungen fördert.

1 Planetare Belastungsgrenzen nach Rockström et al. (2009)

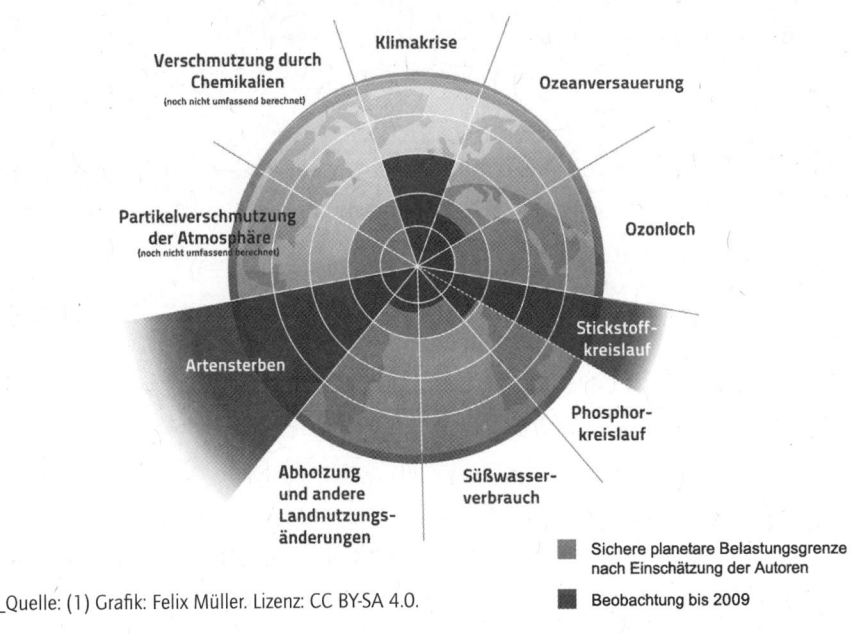

_Quelle: (1) Grafik: Felix Müller. Lizenz: CC BY-SA 4.0.

Dieser systemische Blick, der die Dringlichkeit von Transformation unterstreicht, ist als wesentliche Stärke und zentraler Wert des Konzepts zu verstehen. Zudem wurde die Wissenschaftsgemeinschaft dazu angehalten, mit dem Konzept zu arbeiten, es weiterzuentwickeln und vorhandene Wissenslücken zu schließen.

Gelobt, kritisiert und weiterentwickelt

Das Konzept der planetaren Grenzen belebte den wissenschaftlichen Diskurs sowie frühere Debatten über ökologische Grenzen, wie etwa die Warnungen des Club of Rome in den 1970er-Jahren. (2) Besonders wertvoll ist die visuelle Darstellung der Grenzen (vgl. Abb. 1), die nicht nur für die Wissenschaft, sondern auch für Öffentlichkeit und Politik zugänglich ist. Das Konzept wurde gelobt, kritisiert und von verschiedenen Disziplinen weiterentwickelt. Die Kritik richtete sich an die Erarbeitung sowie die Umsetzung des Konzepts. Einige Stimmen hielten die festgelegten Grenzwerte für zu konservativ oder zu großzügig. (3) Ein zentraler Kritikpunkt bestand zudem darin, dass bei der Erarbeitung beteiligte Autor*innen fast alle aus naturwissenschaftlichen Disziplinen stammten und größtenteils weiß sowie männlich waren. Zivilgesellschaftliche Akteure und Politiker*innen wurden nicht systematisch einbezogen, da sich die Verfasser*innen auf eine rein naturwissenschaftliche Perspektive konzentrierten. Das Konzept wurde daher als zu technokratisch und undemokratisch kritisiert, da die Öffentlichkeit nicht einbezogen wurde. Zudem wurden im ursprünglichen Konzept von 2009 soziale, gesellschaftliche und politische Dimensionen nicht explizit behandelt, wodurch wichtige Zusammenhänge zwischen ökologischen und sozialen Herausforderungen vernachlässigt wurden. Das Konzept betrachtet die planetaren Grenzen aus einer globalen Perspektive, ohne soziale Ungleichheiten und historisch gewachsene Ungerechtigkeiten zu berücksichtigen, was insbesondere bei Vertreter*innen aus Ländern, die von kolonialen und wirtschaftlichen Ungleichheiten betroffen sind, auf Ablehnung stieß.

Das Konzept wurde von verschiedenen Autor*innen weiterentwickelt. Besonders hervorzuheben ist Kate Raworths Modell der Donut-Ökonomie, das die ökologischen Grenzen um soziale Dimensionen erweitert und somit eine integrativere Perspektive auf die Zusammenhänge zwischen ökologischen und sozialen Systemen bietet. (4) Daran knüpft die Frage der politischen Implementierung des Konzepts an, insbe-

> **„Trotz politischer Herausforderungen bei der Umsetzung ist das Konzept wertvoll, da es die negativen menschlichen Einflüsse auf planetare Prozesse unterstreicht."**

sondere im Kontext der Konferenz der Vereinten Nationen (UN) zur nachhaltigen Entwicklung 2012 (Rio+20) und der Agenda 2030 mit ihren 17 Zielen für nachhaltige Entwicklung (SDGs). Die planetaren Grenzen fanden keinen Eingang in die SDG-Prozesse der UN, da der Fokus der SDGs stark auf menschlicher Entwicklung und sozialem Fortschritt liegt. Dennoch ist davon auszugehen, dass das Konzept auf nationaler und lokaler Ebene positiv aufgenommen wurde. Hinsichtlich der praktischen Umsetzung und Skalierbarkeit des Konzepts erschwert die globale Perspektive die Umsetzung auf nationaler, regionaler und lokaler Ebene, wo jedoch die meisten politischen Maßnahmen implementiert werden. Die global aggregierten Grenzwerte können lokale Unterschiede und immanente Gerechtigkeitsfragen verdecken.

Trotz politischer Herausforderungen bei der Umsetzung ist das Konzept wertvoll, da es die negativen menschlichen Einflüsse auf planetare Prozesse unterstreicht. Dadurch wird der Druck zur Transformation menschlicher Lebensweisen deutlich. Obwohl das Konzept Einfluss auf Wissenschaft, Politik und andere gesellschaftliche Bereiche hatte, konnte es keine nachhaltigen Lebensweisen innerhalb der planetaren Grenzen etablieren. Derzeit wird davon ausgegangen, dass inzwischen sechs von neun planetaren Grenzen überschritten sind (vgl. Abb. 2).

Seit der Einführung des Konzepts der planetaren Grenzen gibt es ein verbreitetes Missverständnis: Die definierten Grenzen wurden als Kipppunkte verstanden, was jedoch nicht korrekt ist. Kipppunkte bezeichnen kritische Schwellenwerte, bei deren Überschreiten bereits eine kleine zusätzliche Störung zu einer grundlegenden und nicht linearen Veränderung des Systems führen kann. Im Gegensatz dazu beziehen sich die von Rockström et al. beschriebenen Grenzen auf einen unsicheren Bereich

2 Aktualisierte planetare Belastungsgrenzen (2024)

_Quelle: Planetary Bounderies Science (5)

und nicht auf präzise definierte Punkte. Gleichwohl gibt es reale Kipppunkte in verschiedenen natürlichen Systemen. Aktuelle Forschungen warnen eindringlich davor, dass das Überschreiten dieser Kipppunkte eine ernsthafte Bedrohung darstellt, da das Kippen ökologischer Systeme gravierende negative Folgen hat (6), ohne dass die exakten Schwellenwerte dieser Kipppunkte bekannt sind.

Konzepte wie das der planetaren Grenzen konzentrieren sich häufig auf physikalische oder natürliche Systeme und deren Kipppunkte. Nachhaltigkeitsforschung erfordert aber ein erweitertes Verständnis von Kipppunkten, die auch soziale, ökologische und verknüpfte soziomaterielle Systeme betreffen. (7) Nur so können zwingende politische Implikationen in die Praxis umgesetzt werden.

Wissenschaftler*innen setzen Hoffnung auf sogenannte soziale Kipppunkte, die positiv bewertet werden, da sie einen raschen gesellschaftlichen Übergang zur

Nachhaltigkeit auslösen könnten. (8) Ein Beispiel hierfür ist die zunehmende Nutzung erneuerbarer Energien, die als sozialer Kipppunkt betrachtet wird, da deren Verbreitung exponentiell steigt. (6) Gleichzeitig betonen Wissenschaftler*innen die Notwendigkeit, sowohl die Bedrohungen als auch die Chancen, die mit Kipppunkten in Natur und Gesellschaft verbunden sind, besser zu verstehen. Ein ganzheitliches Verständnis von Nachhaltigkeit wird daher als unerlässlich erachtet. Die komplexen Verflechtungen von soziomateriellen und politischen Krisen auf lokaler und globaler Ebene, sowie das Überschreiten verschiedener planetarer Grenzen, machen umfassende Transformationen der menschlichen Lebensweisen dringend notwendig. Dafür ist es entscheidend, nicht nur die Wissenschaft, sondern auch die breite Gesellschaft einzubeziehen und soziale Dimensionen stärker zu berücksichtigen, insbesondere auf lokaler Ebene. Globale Probleme lassen sich nicht lösen, ohne ein robustes Verständnis der damit einhergehenden lokalen Dynamiken. Gleichzeitig können lokale Probleme nicht gelöst werden, ohne die größeren globalen Zusammenhänge, auch in natürlichen Systemen, zu berücksichtigen. Die weitere Erforschung von planetaren Grenzen und sozialen Kipppunkten kann dazu beitragen.

Sichere und gerechte Grenzen des Erdsystems

Aus inter- und transdisziplinaren Perspektiven besteht heute weitgehend Konsens darüber, dass soziale Gerechtigkeit und die verschiedenen Dimensionen der Nachhaltigkeit untrennbar miteinander verbunden sind. Fragen der Gerechtigkeit zwischen Generationen, Ländern und sozialen Gruppen spielen dabei eine entscheidende Rolle, da sie als eine der größten Herausforderungen für den Übergang zur Nachhaltigkeit gelten. Diese Herausforderungen sind eng mit globalen Umweltveränderungen sowie sozialen, wirtschaftlichen und kulturellen Dynamiken verknüpft. Um Fragen der (Un-)Gerechtigkeit zu adressieren, erweiterte das Forscherteam um Rockström 2023 das Konzept der planetaren Grenzen zu den „Sicheren und gerechten Grenzen des Erdsystems" (Safe and Just Earth System Boundaries, ESB). (9) Betont wird, dass verschiedene soziale Gruppen und Länder unterschiedlich zum Wandel des Erdsystems beitragen und davon betroffen sind. Außerdem wird die gegenseitige Abhängigkeit zwischen einer gerechten menschlichen Entwicklung und einem stabilen Erdsystem hervorgehoben.

3 Visualisierung der sicheren und gerechten Grenzen des Erdsystems

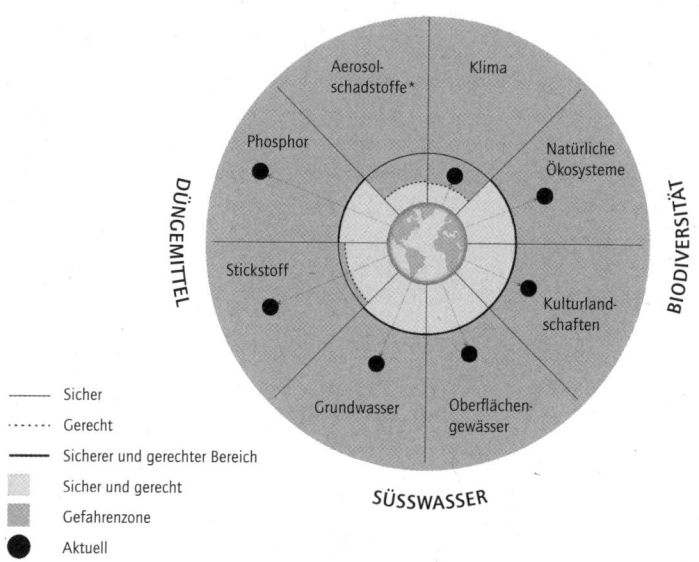

*Die gerechte Grenze wurde an vielen Orten lokal überschritten, muss aber noch auf globaler Ebene bewertet werden.

_Quelle: Grafik: Earth Commission. Eigene Übersetzung.

Rockström et al. gingen dabei in drei Schritten vor: Zunächst definierten sie sichere Grenzen für das Erdsystem, um dessen Stabilität und Resilienz zu schützen. Dabei wurden Kipppunkte, historische Daten und Expert*innenmeinungen genutzt, wobei die ESB keine Kipppunkte darstellen, sondern unsichere Bereiche abbilden. Anschließend bewerteten sie, ob diese sicheren Grenzen auch Menschen vor Schaden schützen, indem sie Gerechtigkeit zwischen Arten, Generationen und sozialen Gruppen in ihre Überlegungen einbezogen. Abschließend kombinierten sie diese Gerechtigkeitskriterien mit historischen Daten und Modellen, um sichere und gerechte Grenzen festzulegen, die den Schaden für Menschen und das Erdsystem minimieren.

Das Konzept der ESB baut somit auf früheren Ansätzen wie den planetaren Grenzen, der Donut-Ökonomie und den SDGs auf und erweitert diese. Die Autor*innen betonen, dass sieben der acht quantifizierten ESB auf globaler Ebene bereits überschritten wurden (vgl. Abb. 3). Dies verdeutlicht den dringenden Transformationsdruck, dem wir gegenüberstehen – die Zeit drängt.

Quellen

(1) https://doi.org/10.5751/es-03180-140232
(2) www.library.dartmouth.edu/digital/digital-collections/limits-growth
(3) https://doi.org/10.1146/annurev-environ-012320-080337
(4) https://www-cdn.oxfam.org/s3fs-public/file_attachments/dp-a-safe-and-just-space-for-humanity-130212-en_5.pdf
(5) www.planetaryhealthcheck.org/storyblok-cdn/f/301438/x/a4efc3f6d5/planetaryhealthcheck2024_report.pdf
(6) https://report-2023.global-tipping-points.org
(7) www.dkn-future-earth.org/imperia/md/content/dkn/dkn_positionpaper_2022_02.pdf
(8) https://doi.org/10.1073/pnas.0705414105
(9) https://doi.org/10.1038/s41586-023-06083-8

Was bringt Sie an Ihren emotionalen Kipppunkt?

a) Mein Kipppunkt ist erreicht, wenn Entscheidungsträger genau wissen, was wann getan werden muss und einfach nicht entscheiden.
b) Faktenfreie Diskurse!
c) Bürokratiewahnsinn.

Zu den Autor*innen

a) Daniela Jacob ist Meteorologin. Sie ist die Direktorin des GERICS, einer Einrichtung des Helmholtz-Zentrums Hereon, und Gastprofessorin an der Leuphana Universität Lüneburg.
b) Julian Trutz Müller hat Soziologie und Urban Design studiert. Er arbeitet am GERICS als wiss. Referent der Wissenschaftsplattform Nachhaltigkeit 2030.
c) Sebastian Sonntag ist promovierter Physiker. Er arbeitet am GERICS als geschäftsführender Direktor des Deutschen Komitees für Nachhaltigkeitsforschung in Future Earth.

Kontakt

Prof. Dr. Daniela Jacob
Julian Trutz Müller
Dr. Sebastian Sonntag
Climate Service Center Germany (GERICS)
E-Mail d.jacob@hereon.de,
Julian.Mueller@hereon.de,
sebastian.sonntag@hereon.de

Das Gesetz der fossilen Lügen und das Meinungsklima

Da kippt was

Wer die Debatte beherrscht, beherrscht die Demokratie. Wer tagein, tagaus „Migration, Migration, Migration" hört, antwortet auf die Frage: „Was ist unser wichtigstes Thema?" ganz automatisch: „Migration" und nicht „Klimawandel". Wie Fake News, alternative Fakten und dreiste Lügen salonfähig wurden und zu Kipppunkten im öffentlichen Diskurs führten.

Von Michael Adler

─── *„Dieses ständige Lügen zielt nicht darauf ab, das Volk eine Lüge glauben zu machen, sondern darauf, dass niemand mehr irgendetwas glaubt. Ein Volk, das nicht mehr zwischen Wahrheit und Lüge unterscheiden kann, kann auch nicht zwischen richtig und falsch unterscheiden. Und ein solches Volk, das sich seiner Macht, zu denken und zu urteilen, beraubt sieht, ist auch, ohne zu wissen und zu wollen, dem Gesetz der Lüge vollständig unterworfen. Mit einem solchen Volk kann man dann machen, was man will."* – Dieses Zitat von Hannah Arendt, verfasst 1967 noch im Rückblick auf Nazi-Deutschland, ist leider so aktuell wie selten. Der politische Diskurs in Deutschland wurde in den letzten zehn Jahren sehr nach rechts verschoben und damit entkoppelt von wissenschaftlicher Erkenntnis und Vernunft. Es wird mehr so gefühlt. Wie kam's dazu?

Kipppunkt Nr. 1: Es begann vor gut zehn Jahren mit Pegida in Dresden. Pegida bedeutet: „Patriotische Europäer gegen die Islamisierung des Abendlandes". Als diese rassistische Bewegung Tausende in Dresden und anderen Städten auf die Straße brachte, reagierte die etablierte Politik nicht mit klarer Gegenwehr, sondern mit Verständnis. „Besorgte Bürger" seien das, mit denen man den Dialog suchen müsse.

Kipppunkt Nr. 2: Die erste Wahl von Donald Trump zum US-Präsidenten Ende 2016. Trump ist der schamloseste Verbreiter von Fake News und alternativen Fakten. Er lügt aus Prinzip, um eben jene Verwirrung zu stiften, von der Hannah Arendt schrieb. Migrant*innen essen Haustiere, Kamala Harris habe Hurrican Milton manipuliert, sind nur die letzten Auswüchse.

Kipppunkt Nr. 3: Kriminalisierung von Klimaaktivist*innen und der Demos um den Hambacher Forst. Hier wurde für die Interessen des Kohlekonzerns RWE ein martialisches Polizeiaufgebot mobilisiert. Die Aktivist*innen für den Erhalt des Waldes wurden kriminalisiert. Deren Baumhäuser wurden mit dem Argument des Brandschutzes geräumt. Das Verwaltungsgericht Köln entschied 2021, dass diese Räumung rechtswidrig war. Die „Letzte Generation", die sich für eine ernstzunehmende Klimapolitik auf Straßen und Rollfeldern von Flughäfen festklebten, wurden mit Titulierungen wie „terroristische Vereinigung" oder „Klimaterroristen" kriminalisiert.

Kipppunkt Nr. 4: Das Gebäudeenergiegesetz von Wirtschaftsminister Robert Habeck. Das überarbeitete Gebäudeenergiegesetz von Robert Habeck wurde im Jahr 2022 als „Habecks Heizhammer" (BILD), „300.000 Kosten für die Oma" (Kanzlerkandidatenkandidat Markus Söder), „ideologische Übergriffe der Grünen im eigenen Heizungskeller" diffamiert. Konservative Politiker*innen hatten ihren neuen Lieblingsfeind entdeckt – die ideologischen Grünen, die dem „normalen Bürger" entrückt seien. Seitdem wird systematisch der Ausstieg aus fossiler Energie als „teuer", „ideologisch", „dogmatisch", „Wohlstandsvernichter" diffamiert.

Kipppunkt Nr. 5: Roll back ins 20. Jahrhundert gegen jegliche Ansätze einer Klimapolitik. CDU/CSU und FDP fordern ein „Verbrenneraus-Stopp" in Brüssel und plädieren für den Einsatz von „Synfuels". Das Narrativ dazu lautet „Technologieoffenheit". Die wahren Wohlstandsvernichter*innen sind längst die „Transformationsverweigerer*innen".

Kipppunkt Nr. 6: Argumentations- und Interessenidentität mit rechtsextremen und faschistischen Kräften in der AFD. Rechtsextreme leugnen die menschengemachte Klimaerhitzung komplett. Die Parolen der Faschist*innen trägt Hubert Aiwanger ins Bierzelt, indem er sein alkoholisiertes Publikum auffordert „Holen wir uns unsere Demokratie zurück". Wohlgemerkt nicht von den Faschisten der AFD, sondern von den „woken" Grünen, die angeblich aus Berlin das Land regierten.

Was ist das Ergebnis all dieser Lügerei? Nun, Hannah Arendt hat recht. Das Volk kann nicht mehr zwischen Richtig und Falsch unterscheiden. Es wählt vermehrt populistisch-extreme Parteien wie die faschistische AFD oder das russlandfreundliche BSW. Und, was die Lügenfront auch geschafft hat: Bei der Frage nach den wichtigsten politischen Themen ist Migration seit Anfang 2023 von zehn auf 42 Prozent gestiegen, während Klimaschutz und -anpassung von 44 auf 17 Prozent gefallen ist. Und CDU-Kanzlerkandidat Friedrich Merz beschwichtigt: „Es wird ja nicht morgen gleich die Welt untergehen". Doch, Herr Merz, jedenfalls die Welt, die wir kennen, sagen 99,8 Prozent aller Klima-Wissenschaftler*innen. Wegen der klimatischen Kipppunkte.

Was bringt Sie an Ihren emotionalen Kipppunkt?
Donald Trump und die Deutsche Bahn. In dieser Reihenfolge.

Zum Autor
Michael Adler ist Gründer und CEO der Kommunikationsagentur tippingpoints. Der Politikwissenschaftler glaubt an die verändernde Kraft der guten Kommunikation. Deshalb arbeitet er mit kommunikativen Mitteln am „great mindshift" für eine nachhaltige Zukunft.

Kontakt
Michael Adler
tipping points. Agentur für nachhaltige Kommunikation
E-Mail michael.adler@tippingpoints.de

GEFÄHRDETE GLEICHGEWICHTE

Schmelzende Eisschilde, sterbende Regenwälder und stark eutrophierte Gewässer sind nur einige der drohenden Szenarien, die nicht nur regionale, sondern globale Auswirkungen haben und die menschlichen Lebensgrundlagen gefährden. – Welche Kipppunkte sind besonders bedrohlich? Wo besteht noch Hoffnung? Warum brauchen wir ein anderes Denken, um soziale und ökologische Herausforderungen in den Griff zu kriegen?

Arktischer Permafrost

Eine Unbekannte voller Risiken

Die Erderwärmung sorgt dafür, dass permanent gefrorene Böden in der Arktis auftauen. Statt zum plötzlichen globalen Kollaps kommt es dabei auf lokaler Ebene schon heute zum Überschreiten von Kipppunkten und drastischen Landschaftsveränderungen. Die Folgen können verheerend für die lokale Bevölkerung sein.

Von Jan Nitzbon und Josefine Lenz

Wenn von Kippelementen im Klimasystem die Rede ist, kommen früher oder später auch die Permafrostböden in der Arktis zur Sprache. Die Sache scheint klar: Wenn Permafrost taut, dann werden die darin enthaltenen Pflanzenreste – also organischer Kohlenstoff – durch Mikroben in Treibhausgase umgesetzt. Es entweichen Methan (CH_4) und Kohlenstoffdioxid (CO_2), die zur Klimaerwärmung beitragen, wodurch wiederum mehr Permafrost taut – ein sich selbst verstärkender »Teufelskreis« (Abb. 1, links) – und somit auch ein Kippelement, oder etwa nicht? Doch der Reihe nach. Permafrost bezeichnet jeden Untergrund, der mindestens zwei Jahre in Folge eine Temperatur unter null Grad Celsius hat. Er bedeckt etwa 14 Millionen Quadratkilometer in der Nordhemisphäre, was 15 Prozent von deren gesamter Landoberfläche ausmacht. (1) Im Permafrostboden enthaltenes Wasser ist überwiegend zu Eis gefroren, was viele Landschaftsprozesse beeinflusst und im Laufe von Jahrtausenden zur Ausbildung von einzigartigen und vielfältigen Ökosystemen geführt hat. In Nordostsibirien und in Teilen Nordamerikas entstanden während der letzten Eiszeit mächtige Permafrost-Ablagerungen, die sehr viel pures Eis und konservierte Überreste eiszeitlicher Vegetation enthalten. Insgesamt speichern die Böden in der nördlichen Permafrost-Region zwischen 1.300 und 1.600 Milliarden Tonnen organischen Kohlenstoff, etwa zehnmal mehr als in sämtlichen Vegetations- und Laubschichten derselben Region. (2)

Da sich die hohen Breitengrade aufgrund der sogenannten arktischen Amplifikation drei bis vier Mal schneller erwärmen als die Erde im Mittel, ist die Permafrost-Region überproportional vom Klimawandel betroffen, was zu Erwärmung, Auftauen und Verschwinden von Permafrost führt. Mit jedem Zehntel Grad an globaler Erwärmung verschwindet Permafrost auf einer Fläche von etwa 350.000 Quadratkilometern, was ziemlich genau der Fläche Deutschlands entspricht. Dieses allmähliche Verschwinden des Permafrosts im Gleichschritt mit der Erwärmung wird auch als „graduelles Tauen" bezeichnet.

Nun kommt der zuvor eingefrorene Kohlenstoff wieder ins Spiel – oder besser: in die Atmosphäre. Denn wenn das Bodeneis schmilzt und Mikroben aktiv werden, wird auch das organische Material zersetzt. Dabei entstehen verschiedene Gase, vor allem CO_2 und CH_4. Wenn diese aus dem Boden in die Atmosphäre gelangen, verstärken sie den Treibhauseffekt und somit die globale Erwärmung. Doch wie viele und welche Treibhausgase in die Atmosphäre gelangen, ist sehr unsicher und Gegenstand verschiedener Forschungsaktivitäten.

1 Permafrost-Kohlenstoff-Rückkopplung (links) und tauende Permafrostlandschaft (rechts)

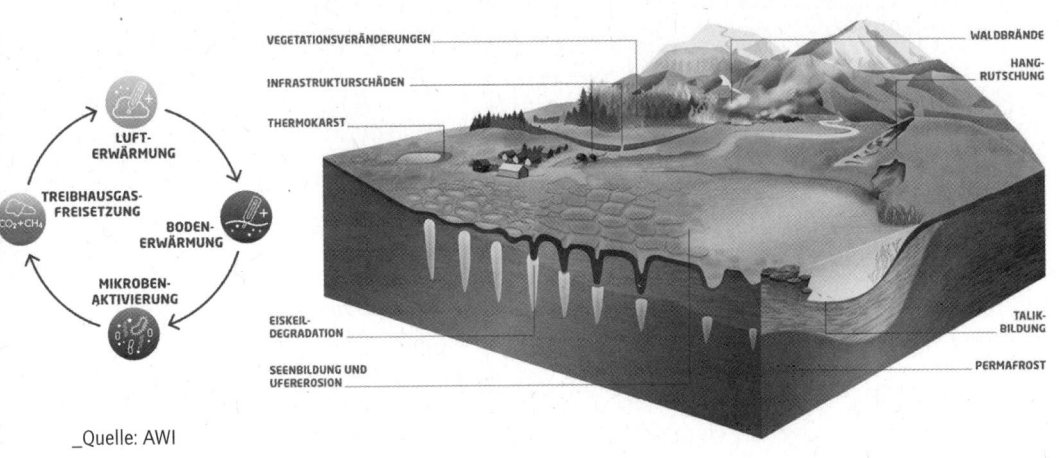

_Quelle: AWI

Je nach Erwärmungsszenario werden die zu erwartenden Treibhausgasemissionen aus tauendem Permafrost für das gesamte 21. Jahrhundert auf 55 bis 232 Milliarden Tonnen Kohlenstoff (in CO_2-Äquivalenten) geschätzt. Skaliert man demnach die aktuellen Emissionen großer Industrienationen (Stand 2019) auf einen Zeitraum von 100 Jahren, so würden Japan auf 30, die EU auf 88, die USA auf 144 und China auf 277 Milliarden Tonnen Kohlenstoff (in CO_2-Äquivalenten) kommen. Ein gedachtes »Permafrost-Land« emittiert also ähnlich stark wie eine weitere große Industrienation – mit zwei entscheidenden Unterschieden für die Klimapolitik: Zum einen werden diese Permafrost-Emissionen bisher nicht in den verbleibenden Budgets zur Einhaltung der Klimaziele von Paris berücksichtigt. Zum anderen können sie nicht direkt durch technologische Maßnahmen reduziert werden. Vielmehr sind sie an die Stärke der anthropogenen Erwärmung geknüpft und lassen sich daher nur indirekt beeinflussen. Womit wir wieder beim eingangs erwähnten Teufelskreis wären.

Eher lokales als globales Kippelement

Auch wenn der verstärkende Effekt von Permafrostemissionen auf das Klima wissenschaftlicher Konsens ist, lohnt sich ein genauerer Blick auf diese „Permafrost-Kohlenstoff-Rückkopplung". Denn auch wenn eine Klima-Rückkopplung (mathematisch betrachtet) positiv ist, also die ursprüngliche Erwärmung verstärkt wird, folgt daraus noch nicht, dass es dadurch zu einem unaufhaltbaren Kippen im Klimasystem kommen kann. Letzteres verlangt vielmehr, dass es so starke Rückkopplungen in einem Teil des Klimasystems gibt, dass diese – sobald ein entsprechender Kipppunkt überschritten wird – zu selbst-erhaltenden Veränderungen führen. (3) Dies ist jedoch bei der Permafrost-Kohlenstoff-Rückkopplung nach derzeitigem Wissensstand nicht der Fall, da der Klimaeffekt der Treibhausgase aus Permafrost zu gering ist, um zu einem sich verselbstständigendem Treibhauseffekt anzuwachsen. (4)

Dennoch ist ein „Kollaps" des arktischen Permafrosts bis zuletzt im Rahmen von Klima-Kipppunkten prominent diskutiert worden. Denn neben der Permafrost-Kohlenstoff-Rückkopplung gibt es noch weitere Prozesse, die im Verdacht stehen, das Auftauen des Permafrosts zu beschleunigen. So stand lange Zeit die Wärme, die Mikroben bei der Zersetzung von organischer Materie – wie in einem Kompost – erzeugen, in Verdacht, das Auftauen derart stark zu beschleunigen, dass große Teile der Permafrostregion in Sibirien bei einer hinreichend schnellen Klimaerwärmung selbstständig und ohne weiteres Zutun auftauen würden. Neuere Erkenntnisse haben jedoch gezeigt, dass der Effekt eher klein ist und wenn überhaupt nur lokal begrenzt auftreten würde.

Als weitaus bedeutsamer haben sich hingegen sogenannte Thermokarst-Prozesse herausgestellt, die – im Gegensatz zum zuvor diskutierten graduellen Tauen – auch als „abruptes Tauen" bezeichnet werden (vgl. Abb. 1, rechts): Wenn in besonders eisreichen Permafrostgebieten eine bestimmte Auftautiefe überschritten wird, können Landschaftsveränderungen in Gang gesetzt werden, die das Auftauen weiter beschleunigen. So kann sich etwa Schmelzwasser aus dem Untergrund an der Oberfläche sammeln und dort einen See bilden, der mehr Sonnenlicht absorbiert, sodass darunter befindlicher Permafrost in der Folge schneller auftaut. Abruptes Tauen kommt in etwa 20 Prozent der Permafrostgebiete vor und erhöht potenzielle Treibhausgasemissionen sogar um schätzungsweise 40 Prozent. Weiterhin kann das Auftauen von Permafrost regional durch Wetterextreme wie schneereiche Winter oder trockene Sommer mit Waldbränden beeinflusst werden.

All diese Prozesse haben jedoch gemein, dass sie nur lokal (also auf einer räumlichen Skala von Metern bis Kilometern) oder regional (Kilometer bis einige Hundert Kilometer) wirken. Auf diesen räumlichen Skalen ist es durchaus gerechtfertigt, von Kipppunkten zu sprechen, da die Prozesse beim Erreichen bestimmter Temperaturen oder Auftautiefen einsetzen und dann zu einem selbstständigen Auftauen von Permafrost und einem irreversiblen Verlust von im Boden eingelagerten Eis führen. Gleichzeitig spielen diese Prozesse aber nicht überall in der sehr großen und vielfältigen Permafrostregion eine Rolle, da sie jeweils unterschiedliche Voraussetzungen erfordern.

Letztlich ist also das Bild von „dem (einen) Permafrost" irreführend. Anders als zum Beispiel bei einem Eisschild, wo das lokale Schmelzen von Eis die Fließgeschwindigkeit in einem viel größeren Bereich beeinflusst, handelt es sich beim Permafrost nicht um ein kohärentes, zusammenhängendes System, bei dem eine Änderung in einem Teilbereich direkte Auswirkungen auf andere Bereiche hat. Somit kann es auch keinen einzelnen, globalen Kipppunkt geben, an dem der gesamte arktische Permafrost gleichzeitig und räumlich zusammenhängend „kippt" oder „kollabiert". Stattdessen gibt es viele, räumlich und zeitlich unabhängige, kleinskalige Kipppunkte, die global akkumuliert zu einer gleichmäßigen Abnahme des Permafrosts im Gleichschritt mit der globalen Erwärmung führen. Lokal können die Auswirkungen des Tauens jedoch sehr schnell, vielfältig und dramatisch sein.

Kein Erwärmungsspielraum mehr
Neben der globalen Klimawirkung hat das Permafrost-Tauen vielfältige Auswirkungen auf den Menschen, denn die Permafrostregion ist alles andere als unbewohnt: Von den dort lebenden fünf Millionen Menschen leben etwa 3,3 Millionen auf Permafrost, der bis 2050 getaut sein wird. (5)

Auf die menschliche Infrastruktur hat das Absacken und die zunehmende Instabilität des Bodens die sichtbarsten Auswirkungen: Straßen, Schienen und Gebäude werden beschädigt, Brücken und Pipelines sind nur durch aufwendige Ingenieurtechnik instand zu halten. An den arktischen Küsten – Heimat für 1,1 Millionen Menschen – sind Ufererosion und Überflutung eine akute Gefahr, die nicht selten zu umfangreichen Umsiedlungen zwingt. Aber nicht nur die schwindende Eigenschaft des Permafrosts als stabiler Untergrund, auch seine wasserstauende Funktion verändert sich, was mitunter unvorhergesehene Folgen für die Umwelt hat. So wurden über Jahrzehnte industrielle Abfälle, beispielsweise aus dem Bergbau, fahrlässig in der Umwelt entsorgt, da der wasserundurchlässige und „ewige" Permafrost als sichere Deponie galt. Dieser Trugschluss könnte sich rächen, denn im Zuge des Klimawandels werden schätzungsweise mehr als 10.000 solcher Standorte mit industriellen Altlasten vom Tauen des Permafrosts betroffen sein und Ökosysteme durch entweichende Giftstoffe kontaminieren. (6)

Auch ohne globalen Kipppunkt sind das Auftauen von Permafrost und die damit verbundenen Auswirkungen auf das Klima sowie auf Menschen, Ökosysteme und Landschaften in der Arktis bereits allgegenwärtig. Insbesondere gibt es keinen »Erwärmungsspielraum« mehr, innerhalb dessen wir uns als Menschheit vor einem vermeintlichen globalen Kippen des Permafrosts sicher wähnen könnten. Um die Fülle der negativen Folgen des Tauens von Permafrost einzudämmen, braucht es vielmehr ambitioniertes Handeln auf allen Ebenen – vom Erreichen von netto null anthropogenen Treibhausgasemissionen über kurzfristige Anpassungsmaßnahmen bis hin zu langfristigen Planungen und Investitionen in eine nachhaltige Zukunft für die Menschen in der Arktis.

Quellen
(1) Westerveld, L. et al. (2023): Arctic Permafrost Atlas. GRID-Arendal, Arendal.
(2) Schuur, E. A. G. et al. (2022): Permafrost and Climate Change: Carbon Cycle Feedbacks From the Warming Arctic. In: *Annual Review of Environment and Resources*, 47(1), S. 343–371.
(3) Armstrong McKay, D. I. et al. (2022): Exceeding 1.5°C global warming could trigger multiple climate tipping points. In: *Science*, 377(6611).
(4) Nitzbon, J. et al. (2024): No respite from permafrost-thaw impacts in the absence of a global tipping point. In: *Nature Climate Change*, 14(5), S. 573–585.
(5) Ramage, J. et al. (2021): Population living on permafrost in the Arctic. In: *Population and Environment*, 43(1), S. 22–38.
(6) Langer, M. et al. (2023): Thawing permafrost poses environmental threat to thousands of sites with legacy industrial contamination. In: *Nature Communications*, 14(1), S. 1721.

Was bringt Sie an Ihren emotionalen Kipppunkt?
a) Meinen dreijährigen Sohn davon zu überzeugen, sich die Zähne putzen zu lassen.
b) Das Davor, das Danach – das Dazwischen. Der Bruchteil einer Sekunde, auf ewig. Wer kennt es nicht.

Zu den Autor*innen
a) Jan Nitzbon ist wiss. Mitarbeiter am AWI. Er hat Physik studiert und in Geographie promoviert, wofür er den Wladimir-Köppen-Preis erhielt. Er erforscht die Dynamik des Permafrosts im Klimawandel und entwickelt Methoden, um Permafrost in Klimamodellen besser abzubilden.
b) Josefine Lenz erforscht am AWI die Landschaftsveränderung der westlichen Arktis durch das Tauen des Permafrosts. Für ihre Projekte und im Bereich Wissenstransfer wurde sie mit dem Potsdamer Preis für Wissenschaftskommunikation ausgezeichnet.

Kontakt
Dr. Jan Nitzbon
Dr. Josefine Lenz
Alfred-Wegener-Institut Helmholtz-Zentrum für Polar- und Meeresforschung (AWI)
E-Mail: jan.nitzbon@awi.de,
josefine.lenz@awi.de

politische ökologie

Die Reihe für alle, die weiterdenken.

Immer am Puls der Zeit, meistens ihr voraus

- Seit über 35 Jahren unorthodoxe Lösungen für soziale und ökologische Herausforderungen.
- Themen von A wie Abfall bis Z wie Zeitwohlstand.
- Bewegt sich jenseits ausgetretener Denkpfade.
- Mit Leidenschaft, Sachverstand und Hartnäckigkeit für den Brückenschlag zwischen Theorie und Praxis.
- Die hochwertig gestalteten Schwerpunktbände behalten noch Jahre nach Erscheinen ihre Gültigkeit.

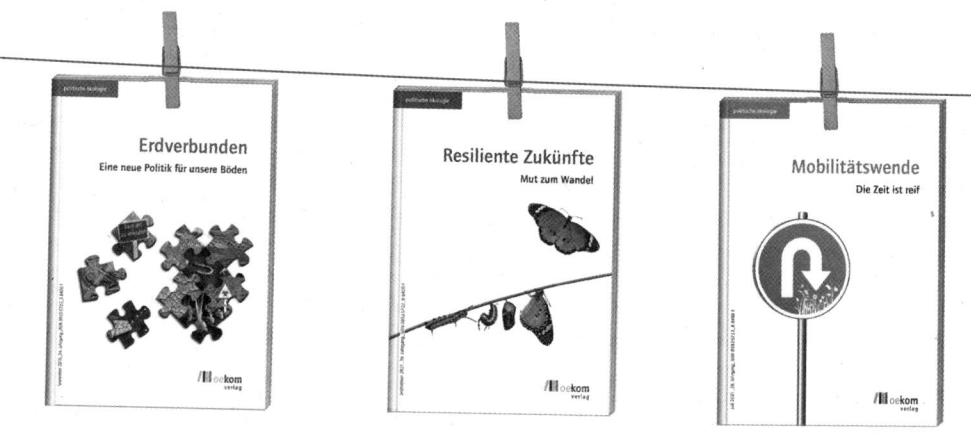

Jede Ausgabe enthält:

- ein umfangreich diskutiertes Schwerpunktthema.
- »Projekte und Konzepte«, die zeigen, wer sich bei diesem Thema schon auf den Weg gemacht hat.
- schwerpunktunabhängige Artikel zu aktuellen umweltpolitischen Debatten.

Mehr Infos unter: **www.politische-oekologie.de**

30 % Rabatt auf das Probeabo mit dem Code **POE30**

Gefährdete Gleichgewichte

Das Eis der Erde

Am Schmelzpunkt

Durch die globale Erwärmung nehmen die Eismassen der Erde immer weiter ab. Das schmelzende Eis beschleunigt den Meeresspiegelanstieg. Die Folgen sind drastisch, innsbesondere für die Wasserversorgung von Millionen Menschen in Gebirgsregionen.

Von Peter Lemke, Ingo Sasgen und Renate Treffeisen

Seit über 2,5 Millionen Jahren befindet sich die Erde in einem Eiszeitalter, in dem die Kontinente und Polarmeere beider Hemisphären teilweise von Meereis, Gletschern, kleineren Eiskappen und größeren Eisschilden bedeckt sind. In der früheren Erdgeschichte gab es mindestens sechs solcher Eiszeitalter.

Eiszeitalter gliedern sich in Kalt- und Warmzeiten. Im gegenwärtigen Eiszeitalter – dem Eiszeitalter des Quartär – folgten die letzten Warmzeiten (und auch die Kaltzeiten) in einem nahezu 100.000-Jahre-Zyklus aufeinander. Dabei fällt eine ausgeprägte Asymmetrie auf: Die Phase der Abkühlung von der Warmzeit bis zum Ende der Kaltzeit dauerte etwa 80.000 Jahre, während die Phase der Erwärmung und des Abschmelzens der großen Eisschilde etwa 20.000 Jahre dauerte. Gegenwärtig leben wir in einer Warmzeit, die vor etwa 11.500 Jahren begann und als Holozän bezeichnet wird. Die seit der letzten Kaltzeit auf den Kontinenten deutlich reduzierten Eismassen – der Antarktische und der Grönländische Eisschild, kleinere Eiskappen und die Gletscher in den Hochgebirgen – haben das Potenzial, nach ihrer Schmelze den Meeresspiegel um etwa weitere 64 Meter zu erhöhen.

Die Variationen des Landeisvolumens sind wichtig für Änderungen der Höhe des Meeresspiegels. Die Fläche aller Schnee- und Eismassen – auch des Meereises –

wirkt darüber hinaus durch ihre hohe Reflexion der Sonnenstrahlung (die Albedo) entscheidend auf die Energiebilanz und damit auf die Temperatur und das Klima an der Erdoberfläche ein. Über Schnee- und Eisflächen wird kalte Luft produziert. Werden diese Flächen durch Erwärmung kleiner, legen sie dunkle Flächen frei, die die solare Strahlung stärker absorbieren. Durch diesen positiven Rückkopplungseffekt verstärkt sich die Erwärmung weiter.

Seit Beginn der industriellen Revolution hat die Menschheit durch exzessive Nutzung fossiler Energiequellen (Kohle, Erdöl, Erdgas) den CO_2-Gehalt der Atmosphäre auf 420 ppm (parts per million, d. h. 0,42 Promille) getrieben, deutlich über dem aus Eisbohrkernen ermittelten typischen Wert für Warmzeiten von 280 ppm. Die Menschheit befindet sich dadurch auf dem Weg in eine »Superwarmzeit«, mit weiterem Anstieg der Temperatur und des Meeresspiegels. Es sei denn, das Übereinkommen von Paris aus dem Jahr 2015 wird eingehalten. (1)

Eisschilde und Gletscher

Während des Höhepunkts der letzten Kaltzeit hatte sich so viel Eis auf den Kontinenten in Gletschern und zwei zusätzlichen großen Eisschilden auf Nordamerika und Skandinavien angesammelt, dass der Meeresspiegel gegenüber heute um etwa 125 Meter niedriger lag. Heute sind nur noch zwei Eisschilde vorhanden: ein kleinerer auf Grönland mit einer Masse, die, würde er schmelzen, etwa sieben Meter Meeresspiegelanstieg entspricht, und der deutlich größere in der Antarktis (etwa 57 Meter Meeresspiegelanstieg beim Schmelzen). Kleinere Gletscher in den Hochgebirgen enthalten einen Meeresspiegelanstieg von etwa 0,3 Meter. Alle Eisgebiete verlieren heute Masse durch die globale Erwärmung.

Gegenwärtig tragen Verluste der kontinentalen Eismassen insgesamt 1,8 Millimeter pro Jahr zum Meeresspiegelanstieg bei. Den größten Beitrag liefert mit 0,7 Millimetern pro Jahr (2002-2024) der Massenverlust des Grönländischen Eisschilds (2), der am südlichen Rand des nördlichen Polargebiets liegt und damit viel empfindlicher auf die globale Erwärmung reagiert als der zentral im Südpolargebiet gelegene Antarktische Eisschild (vgl. Abb. 1). Der grönländische Eisschild wächst durch Schneefall in den hohen zentralen Bereichen, aber durch die Neigung der Oberfläche des Eisschilds vom Zentrum zum Rand fließt Eis zur Küste hin und in den Nordatlantik. Gleichzeitig schmilzt in den Sommermonaten Eis an der Oberfläche in den tieferen Randlagen des Eisschilds. Heute verliert der grönländische Eisschild Masse zu 49 Prozent durch Schmelzwasserabfluss aus den niedrigen Randbereichen und zu 51 Prozent durch Eistransport und das Kalben von Gletschern in den Nordatlantik. Die Verluste übersteigen allerdings den Zugewinn durch Schneefall um fast 40 Prozent. Damit ist Grönlands Eismassenbilanz also schon jetzt stark negativ und Modellstudien legen nahe, dass der Eisschild bei einer globalen Erwärmung von etwa 1,6 Grad Celsius gegenüber vorindustriellen Zeiten einen Kipppunkt erreichen und über viele Jahrhunderte nahezu vollständig schmelzen wird. Der damit verbundene Meeresspiegelanstieg läge bei sieben Metern. Die Veränderungen der Eisschilde nach Überschreiten der Kipppunkte sind sehr langsame Entwicklungen. Die Massenverluste des Antarktischen Eisschilds betreffen fast ausschließlich Auslassgletscher, die das Eis von zentralen Bereichen des Eisschilds zur Küste hin und – zum Teil über das Schelfeis – ins Meer transportieren. Gegenwärtig tragen die Eisverluste 0,4 Millimeter pro Jahr (2002-2024) zum Meeresspiegel bei. Auch für die

1 Massenänderung der Eisschilde von 2002 bis 2024

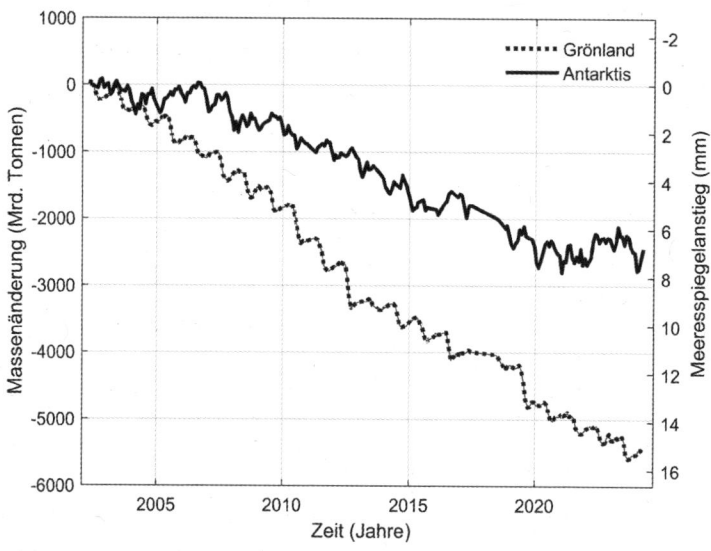

_Quelle: (2)

Antarktis existieren Kipppunkte, insbesondere in der Westantarktis, deren Untergrund in weiten Teilen unter dem Meeresspiegel liegt. Zieht sich dort der Eisschild durch Ozeanerwärmung und basales Schmelzen der ihn stabilisierenden Schelfeise ins Landesinnere zurück, gerät er in immer tiefere Ozeanbereiche, wodurch sich der Eisverlust beschleunigt und der Rückzug der Gletscher weiter zunimmt. Diese positive Rückkopplung kommt erst zum Halten, wenn weite Teile der Westantarktis abgeschmolzen sind, was einem Meeresspiegelanstieg von etwa drei Meter entsprechen würde.

Alle Gebirgsgletscher tragen durch ihr Schmelzwasser weitere 0,7 Millimeter pro Jahr (2000-2023) zum Anstieg des Meeresspiegels bei. (3) Das Schmelzen einzelner kleiner Gletscher lässt sich vor Ort durch Maßnahmen mit sehr hohem Finanz- und Arbeitsaufwand verlangsamen, aber verhindern lässt es sich nicht. (4) Global gesehen ist nur eine umgehende Reduktion der CO_2-Emissionen auf null der einzige Weg, das Eis der Erde zu retten.

Meeresspiegeländerungen und Ozeanzirkulation

Die Verluste der Eismassen auf den Kontinenten liefern mit 1,8 Millimeter pro Jahr den größten Beitrag zum Meeresspiegelanstieg. Durch die globale Erwärmung dehnt sich das Meerwasser jedoch auch aus und trägt zusätzlich 1,4 Millimeter pro Jahr bei. Schließlich führen Landspeicherverluste durch die Nutzung von Grundwasser, das nach Gebrauch nicht wieder zurückgeführt, sondern über die Kanalisation ins Meer abfließt, zu einem Meeresspiegelanstieg von 0,6 Millimeter pro Jahr. Die Summe dieser mit großem Aufwand gemessenen Einzelbeiträge ergibt 3,8 Millimeter pro Jahr. Direkte Messungen durch Satelliten zeigen einen zunehmenden globalen Meeresspiegelanstieg von zurzeit 3,7 Millimeter pro Jahr – alle Messungen sind also im Rahmen der Fehlergrenzen konsistent und stimmen gut überein. Je nach Höhe der künftigen anthropogenen CO_2-Emissionen ist ein Anstieg des Meeresspiegels von 20 bis 80 Zentimetern bis zum Ende des Jahrhunderts zu erwarten (5), was Siedlungen in den meist niedrig liegenden Küstenabschnitten vor große Probleme stellen wird. Ein weiteres Problem, das sich aus dem Schmelzwasserzufluss in den Ozean ergibt, ist die Änderung der Meeresströmungen, insbesondere der Tiefenzirkulation.

Strömungen an der Meeresoberfläche werden im Wesentlichen durch die Windsysteme erzeugt. Durch die Nordost- und Südost-Passatwinde in den Tropen und Subtropen und die Westwindzonen in beiden Hemisphären entstehen die großen Zirkulationssysteme, etwa der Kuroshio im Nordpazifik und der Golfstrom im Nordatlantik. Gegenüber dem Kuroshio reichen die nördlichen Ausläufer des Golfstroms (z. B. der Nordatlantikstrom und der Norwegische Strom) viel weiter nach Norden. Ursache dafür ist der durch starke Verdunstung verursachte hohe Salzgehalt des Nordatlantiks, dessen Wasser durch Abkühlung in der Labradorsee und der Irmingersee so dicht wird, dass es absinkt und die Tiefenzirkulation, die sogenannte Atlantische Umwälzströmung (Atlantic Meridional Overturning Circulation, AMOC) antreibt. Dieses kalte salzreiche Wasser fließt in der Tiefe nach Süden, während an der Oberfläche warmes salzreiches Wasser durch die Ausläufer des Golfstroms nachfließt.

Es existieren Hinweise, dass sich der nordatlantische Salzgehalt bei starkem Schmelzen von Grönland über einen langen Zeitraum dem des Nordpazifik annähert. In diesem Fall würden die Ausläufer des Golfstroms nicht mehr so weit nach Norden kommen, wie sie es heute tun, sondern etwa auf der geografischen Breite von Südengland (50° N) enden. Das vollständige Abschmelzen von Grönland wird aber Jahrhunderte dauern. Daher wird die Atlantische Umwälzströmung bis zum Ende des Jahrhunderts vermutlich zwar schwächer werden, aber nicht abreißen. (5)

Meereis – der gefrorene Ozean

Das Meereis spielt eine besondere Rolle im Klimasystem. Im Gegensatz zu den Eisschilden und Gletschern ist es nicht aus Süßwasser, sondern aus dem gefrorenen Salzwasser der Polarmeere entstanden. Auf der geophysikalischen Skala ist Meereis eine dünne, durch Seegang und Tiden durchbrochene Schicht auf den polaren Ozeanen, die von Wind und Meeresströmungen bewegt und von thermodynamischen Flüssen in ihrer Dicke und Ausdehnung verändert wird. Es bildet eine Grenze zwischen der Atmosphäre und dem Ozean und beeinflusst daher ihre Wechselwirkung in erheblichem Maße.

Meereis bildet sich, wenn die oberen Ozeanschichten am Gefrierpunkt sind (der abhängig vom Salzgehalt ist) und die Nettoenergiebilanz an der Oberfläche weiter

2 Arktische Meereisausdehnung im Sommer von 1979 bis 2023

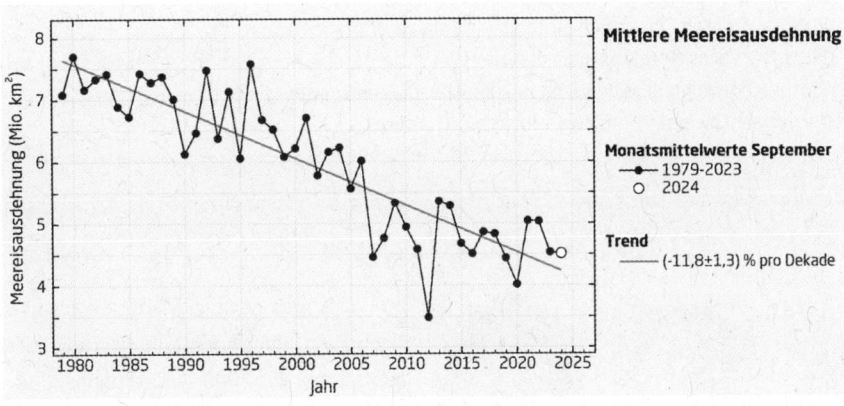

_Quelle: www.meereisportal.de

negativ ist. Dann wird (latente) Wärme aus dem Phasenübergang von Wasser zu Eis gewonnen. Zu Beginn des Gefrierprozesses bilden sich feine Eiskristalle und Eisplättchen, die sich später zu kleineren Eisschollen zusammenballen. Über den Winter entsteht daraus das einjährige Eis mit einer Dicke von bis zu 1,5 Metern. Übersteht das Meereis die Sommerschmelze, wird es zu mehrjährigem Eis, das einige Meter dick werden kann.

Durch die globale Erwärmung, die in hohen nördlichen Breiten besonders ausgeprägt ist und etwa drei- bis viermal so groß ist wie das globale Mittel, hat sich die Fläche des Meereises, die in beiden Polargebieten einen ausgeprägten Jahresgang aufweist, insbesondere in der Arktis im Sommer deutlich reduziert. Aus Satellitendaten geht hervor, dass sich die sommerliche Meereisfläche seit 1979 um etwas mehr als 50 Prozent verringert hat (vgl. Abb. 2). Im selben Zeitraum verringerte sich die winterliche arktische Meereisausdehnung um knapp zehn Prozent. Extrapoliert man diesen Trend weiter, dann könnte der Arktische Ozean im Sommer in der Mitte dieses Jahrhunderts völlig eisfrei sein. In der Antarktis sind die Trends sehr viel kleiner und statistisch nicht signifikant.

Fazit: Nur eine deutliche Reduzierung der anthropogenen CO_2-Emissionen kann weitere Eisverluste einschränken.

Literatur
(1) www.umweltbundesamt.de/themen/klima-energie/internationale-eu-klimapolitik/uebereinkommen-von-paris
(2) https://climate.nasa.gov/vital-signs/ice-sheets/?intent=121
(3) https://wgms.ch/global-glacier-state/
(4) https://derklimablog.de/wissen/kann-man-gletscher-retten1/
(5) www.ipcc.ch/report/ar6/wg1/chapter/chapter-9/

a) b) c)

Was bringt Sie an Ihren emotionalen Kipppunkt?

a) Wir beobachten das ganze Klimasystem und sind meist so blind.

b) Wenn ein einzelner Datenpunkt einen größeren Zusammenhang enthüllt.

c) Weite Eisflächen, blauer Himmel, Pinguine und die Freude über die Einzigartigkeit unseres Planeten.

Zu den Autor*innen

a) Peter Lemke, Professor für Physik von Atmosphäre und Ozean, war über 35 Jahre in internationalen Gremien der Klima- und Polarforschung tätig. Er hat an allen sechs Sachstandsberichten des IPCC mitgewirkt. Von 2006 bis 2014 war er Leiter des Fachbereichs Klimawissenschaften am AWI in Bremerhaven. Gegenwärtig ist er dort Senior Advisor.

b) Ingo Sasgen ist promovierter Geophysiker. Nach Forschungsaufenthalten in den USA erforscht er seit 2006 am AWI anhand von Satellitendaten die Eismassenänderung und deren Bedeutung im Klimawandel.

c) Renate Treffeisen ist promovierte Umweltingenieurin und seit 2000 am AWI. 2008 übernahm sie die Leitung des neu gegründeten Klimabüros für Polargebiete und Meeresspiegelanstieg am AWI. Seit 2013 ist sie darüber hinaus für den Wissenstransfer im Helmholtz Forschungsverbund Regionale Klimaänderungen und Mensch (REKLIM) verantwortlich.

Kontakt

Prof. Peter Lemke,
Dr. Ingo Sasgen,
Dr. Renate Treffeisen
Alfred-Wegener-Institut (AWI),
Helmholtz-Zentrum für Polar- und Meeresforschung
E-Mail Peter.Lemke@awi.de,
Ingo.Sasgen@awi.de,
Renate.Treffeisen@awi.de

Regenwald im Amazonas

„Trotz der kritischen Situation besteht noch Hoffnung"

Der Amazonas gilt als Biodiversitätshotspot und riesiger CO_2-Speicher. Dennoch wird er seit Jahrzehnten rücksichtslos und weiträumig abgeholzt. Die Folgen für das weltweite Klima, die globale Artenvielfalt und die Menschen, die im und vom Regenwald leben, sind enorm. Ein Gespräch über ein mögliches Kippen des Amazonas mit dem Erdsystemforscher Boris Sakschewski.

In den Nachrichten sehen wir regelmäßig Bilder von großflächigen Abholzungen im brasilianischen Amazonasgebiet. Wie ist der aktuelle Stand?
Die Abholzung des Amazonas-Regenwaldes bleibt ein dringendes globales Problem, trotz jüngster positiver Entwicklungen. Unter Präsident Jair Bolsonaro (2019–2022) erreichte die Entwaldung Rekordhöhen, da Umweltschutzmaßnahmen gelockert wurden. Mit dem erneuten Amtsantritt von Präsident Luiz Inácio Lula da Silva im Januar 2023 keimte Hoffnung auf. Denn Lula stärkte die Umweltbehörde IBAMA und das Institut zur Erhaltung der Biodiversität ICMBio und versprach, die Entwaldung bis 2030 auf null zu reduzieren. Aktuelle Daten des brasilianischen Weltrauminstituts INPE zeigen, dass die Abholzungsrate 2023 um etwa 50 Prozent im Vergleich zum Vorjahr gesunken ist. 2024 sank sie bislang um 13 Prozent im Vergleich zu 2023. Das wird als Erfolg der strengeren Umweltpolitik gewertet. Allerdings bleibt die Situation kritisch. Im Vergleich zum Vorjahr ist die vom Feuer betroffene Fläche im Zeitraum bis Januar 2024 um das 18-Fache angestiegen.

Zudem wurden 70 Prozent mehr Feuer gelegt. Diese oft illegal gelegten Brände wurden durch eine historische Dürre und El Niño begünstigt. Im Großteil der bevölkerten Amazonasgebiete herrscht Notstand wegen Wasserknappheit. Die Lage für den Wald ist gerade auch mit weniger Abholzung katastrophal. Trotz Fortschritten stellen Waldbrände und Klimawandel also weiterhin erhebliche Bedrohungen dar. Internationale Zusammenarbeit und nachhaltige Maßnahmen sind dringend notwendig, um den langfristigen Schutz des Amazonas zu gewährleisten.

Warum ist die Abholzung des Regenwaldes nicht nur ein Problem für Menschen, die dort leben, sondern auch für das globale Klima?
Die Abholzung des Amazonas-Regenwaldes hat gravierende Auswirkungen auf das Weltklima. Als eine der größten Kohlenstoffsenken speichert der Regenwald enorme Mengen Kohlenstoff in Böden und Vegetation. Seine Zerstörung setzt diesen Kohlenstoff als CO_2 frei, was den Klimawandel natürlich weiter beschleunigt. Aktuelle Studien zeigen, dass einige Regionen des östlichen Amazonas bereits mehr CO_2 freisetzen, als sie absorbieren, insbesondere durch Entwaldung und häufige Waldbrände. Außerdem spielt der Regenwald durch seinen Einfluss auf den Wasserkreislauf eine wichtige Rolle im globalen Klimasystem. Die dichte Vegetation fördert Verdunstung und Wolkenbildung, was Wetter- und Niederschlagsmuster weltweit beeinflusst. Abholzung führt gerade regional zu weniger Niederschlägen, und somit zu Dürren oder verstärkt sie und gefährdet damit die landwirtschaftliche Produktivität Südamerikas. Ein enormes Risiko ist das Erreichen eines Kipppunkts, ab dem der Regenwald irreversibel in eine Savanne oder Baumsavanne übergehen könnte. Das würde massive CO_2-Freisetzungen bedeuten und die Ziele des Pariser Klimaabkommens gefährden. Die Abholzung des Amazonas ist daher nicht nur ein lokales Problem, sondern eine globale Bedrohung, die sofortiges Handeln erfordert.

Was muss politisch und auch ganz praktisch geschehen, um zu verhindern, dass dieser Kipppunkt erreicht wird?
Dafür brauchen wir entschlossene politische und praktische Maßnahmen. Politisch müssen die neun Amazonasländer – Brasilien, Bolivien, Peru, Ecuador, Kolumbien, Venezuela, Guyana, Surinam und Französisch-Guayana – strenge Umweltgesetze

durchsetzen und die Umweltbehörden stärken, um illegale Abholzung effektiv zu bekämpfen. Entscheidend ist auch die Sicherung und Ausweitung indigener Landrechte, denn indigene Gebiete sind nachweislich besser geschützt.

Außerdem muss rasch die internationale Zusammenarbeit verstärkt werden. Industrieländer sollten finanzielle Anreize bieten, um den Erhalt des Regenwaldes zu unterstützen, etwa durch den Grünen Klimafonds (Green Climate Fund, GCF) oder einen globalen Fonds für tropische Wälder wie ihn Brasilien vorschlägt. Handelsabkommen müssen Nachhaltigkeitskriterien enthalten, die Entwaldung ausschließen. Außerdem ist es wichtig, alternative Einkommensquellen für lokale Gemeinschaften zu schaffen, etwa durch nachhaltige Forstwirtschaft und Agroforstsysteme. Investitionen in Brandbekämpfung, Wiederaufforstung und nachhaltige Landwirtschaft sind ebenfalls essenziell. Technologie wie Satellitenüberwachung ist heute eines der wichtigsten Mittel um großflächig Entwaldung in Echtzeit zu erkennen und zu verhindern. Industrieländer müssen die Amazonasländer dabei weiterhin unterstützen, sie ein zusetzen. Insgesamt ist ein ganzheitlicher Ansatz unerlässlich, der Politik, Wirtschaft und Zivilgesellschaft einbezieht.

Lässt sich das Kippen des Amazonas überhaupt noch realistisch verhindern?
Ja, das erfordert jedoch sofortige und umfassende Maßnahmen. Wissenschaftler*innen warnen, dass bei einer Entwaldungsrate von etwa 20 bis 25 Prozent der Kipppunkt erreicht werden könnte. Aktuelle Schätzungen gehen davon aus, dass bereits mehr als 17 Prozent der Fläche abgeholzt wurden. Um diesen Kipppunkt zu vermeiden, muss die Entwaldung also umgehend gestoppt und umgekehrt werden! Vor allem ist der Beschluss der Regierungschefs der 145 Länder auf der Klima-COP 26 in Glasgow umzusetzen: Bis 2030 sollen die Entwaldung auf netto-null gebracht und verloren gegangene Wälder renaturiert werden. Dafür ist die internationale Unterstützung entscheidend, etwa durch finanzielle Anreize wie sie das Wald- und Klimaschutzprogramm REDD+ (Reducing Emissions from Deforestation and Forest Degradation) setzt. Auch über globale Fonds für den Waldschutz muss nachgedacht werden.

Trotz der kritischen Situation besteht noch Hoffnung. Durch entschlossenes Handeln auf lokaler bis globaler Ebene kann das Kippen des Amazonas verhindert werden. Es bedarf eines koordinierten Ansatzes, der Politik, Wirtschaft und Zivilgesellschaft einbezieht, um die notwendigen Veränderungen herbeizuführen.

Ist die nötige Trendwende für den Schutz des Regenwaldes nach dem Regierungswechsel in Brasilien bereits erkennbar?
Ja, seit dem Regierungswechsel Anfang 2023 lassen sich erste Anzeichen einer Trendwende erkennen. Präsident Luiz Inácio hat Umweltschutz zur Priorität erklärt. Die Regierung hat neue Schutzgebiete geschaffen und indigene Territorien ausgeweitet, was entscheidend zum Schutz des Regenwaldes beiträgt. Zudem wurde der Amazonasfonds reaktiviert, der internationale Gelder für Umweltschutzprojekte bereitstellt. Jedoch plant Präsident Lula auch die Instandsetzung von Verkehrsadern, die durch den Regenwald führen. Das wird nachweislich die Abholzung verstärken. Und es gibt noch andere Herausforderungen. Wirtschaftlicher Druck durch die Agrarindustrie und politischer Widerstand im brasilianischen Nationalkongress könnten die Fortschritte gefährden. Es bedarf langfristiger politischer Verpflichtungen und nachhaltiger Finanzierung, um den positiven Trend fortzusetzen. Der langfristige Erfolg hängt von der Überwindung interner Spannungen und von kontinuierlichen Anstrengungen der brasilianischen und anderer Regierungen im Amazonasgebiet ab.

Kommen wir zu den Abhängigkeiten von Exportprodukten wie Holz, Soja oder Rindfleisch, die in Europa sehr begehrt sind. Was kann, was muss die EU tun, um zu einer echten Trendwende beizutragen?
Die EU kann maßgeblich zur Trendwende bei der Abholzung des Amazonas beitragen, indem sie ihre Handels- und Importpraktiken nachhaltig gestaltet. Erstens hat die EU die Verordnung für entwaldungsfreie Lieferketten (EUDR) verabschiedet, die den Import von Produkten wie Holz, Soja und Fleisch verbietet, wenn sie mit Entwaldung in Verbindung stehen. Unternehmen müssen ab Anfang 2025 nachweisen, dass ihre Waren nicht mit Entwaldung oder Waldschädigung in Verbindung stehen. Auch wenn diese Regelung jetzt später als ursprünglich geplant in Kraft tritt, ist sie ein bedeutender Schritt zur Reduzierung der indirekten Entwaldung. Zweitens muss das EU-Mercosur-Abkommen überarbeitet werden, um ver-

bindliche Umwelt- und Sozialstandards einzuschließen. Ohne ausreichende Schutzmaßnahmen könnte das Abkommen die Abholzung weiter anheizen. Strengere Klauseln dagegen würden nachhaltige Praktiken fördern und negative Auswirkungen vermeiden. Drittens sollte die EU finanzielle Unterstützung für nachhaltige Landwirtschaft und Forstwirtschaft in Amazonasländern leisten. Programme wie REDD+ können erweitert werden, um Anreize für den Waldschutz zu bieten. Viertens ist allgemein mehr Transparenz, aber auch Verständnis der Lieferketten entscheidend. Die EU sollte Unternehmen verpflichten, die Herkunft ihrer Rohstoffe offenzulegen und sicherzustellen, dass sie aus nachhaltigen Quellen stammen.

Das Gespräch führte Anke Oxenfarth.

Was bringt Sie an Ihren emotionalen Kipppunkt?
Gleichgültigkeit bei der Zerstörung unserer Lebensgrundlage

Zur Person
Boris Sakschewski ist promovierter Erdsystemwissenschaftler und Ökologe. Er ko-leitet seit 2024 das Planetary Boundary Science Lab am PIK und ist Mitautor des Amazon Assessment Reports (2021) sowie Hauptautor des Planetary Health Check Reports (2024).

Kontakt
Dr. Boris Sakschewski
Potsdam-Institut für Klimafolgenforschung (PIK), Abteilung Erdsystemanalyse
E-Mail boris.sakschewski@pik-potsdam.de

Eine kurze Geschichte der Eutrophierung

Wenn Nährstoffe zum Problem werden

Stickstoff und Phosphat sind lebenswichtig, doch ihr übermäßiger Einsatz hat Folgen: Seen kippen, Meere leiden unter Sauerstoffmangel und die Artenvielfalt nimmt ab. Ein Plädoyer für einen bewussteren Umgang, um mithilfe lokaler Lösungen globale Schäden einzudämmen.

Von Justus E. E. van Beusekom

Nährstoffe wie Stickstoff oder Phosphat sind essenzielle Bausteine für das Leben. Stickstoff etwa ist ein wesentlicher Bestandteil von Aminosäuren und Proteinen. Phosphat ist ein zentraler Baustein von DNA und von Zellwänden, außerdem wichtig für den Transport von Energie. Die wichtigste natürliche Quelle für Phosphat ist die Verwitterung von Gestein. Die Hauptquelle für reaktiven Stickstoff als Nährstoff sind bestimmte Bakterien, die das inerte Stickstoffgas aus der Atmosphäre fixieren können und auf diese Weise für biologische Prozesse zugänglich machen. Bestimmte Pflanzen, wie zum Beispiel Erbsen und Bohnen, sind eine Partnerschaft mit diesen Bakterien eingegangen und können zunächst sich selbst und nach ihrem Absterben das ganze Ökosystem mit Stickstoff versorgen. Seit der Entwicklung des Haber-Bosch-Verfahrens Anfang des 20. Jahrhunderts können stickstoffhaltige Pflanzennährstoffe auch industriell hergestellt werden.

Um die Produktivität in der Landwirtschaft zu steigern, wurde seitdem zunehmend Kunstdünger eingesetzt. Ein Teil der darin enthaltenen Nährstoffe gelangt aber auch in unsere Gewässer. Hinzu kam der Ausbau der Kanalisation, die zu einem zusätzlichen Eintrag von Fäkalien und damit von Phosphat und Stickstoff in die

1 Die Langzeitentwicklung von Nitrat und Nitrit (NOx) im Rhein
bei Lobith an der deutsch-niederländischen Grenze

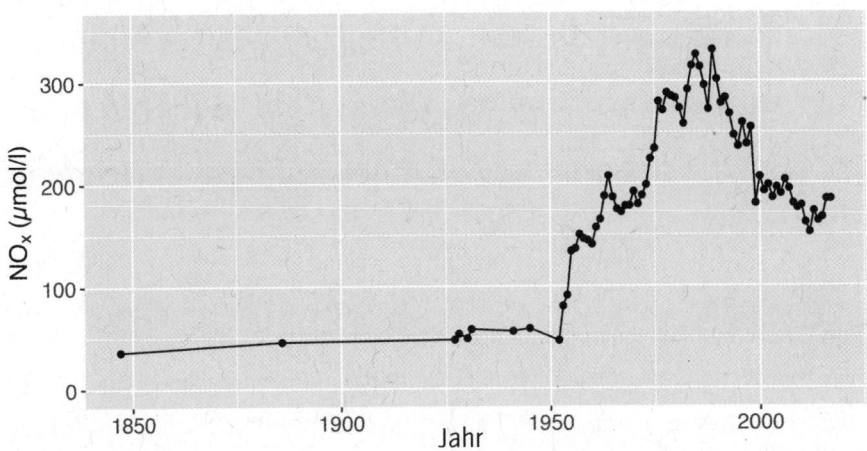

_Quelle: eigene Darstellung, basierend auf den Messdaten von Rijkswaterstaat (ab 1952) und historischen Daten von Van Bennekom & Wetsteyn (Journal of Sea Research, 1990, S. 75-78).

Gewässer führte. In der Summe bewirkten diese Einträge, das von Anfang der 1950er- bis in die 1980er-Jahre eine starke Zunahme der Nährstoffkonzentrationen zu beobachten ist (vgl. Abb 1).

Die Folgen dieses Nährstoffanstiegs waren nicht zu übersehen: In vielen Seen nahm das Algenwachstum rasant zu. Dieser Vorgang wird als Eutrophierung bezeichnet. Wenn die Algen schließlich absterben, kann das zu Sauerstoffmangel und als Folge davon zu dem Absterben von Fischen und anderen Tieren führen: Der See kippt um. Nährstoffe wie Stickstoff und Phosphat sind wichtige Bestandteile des Lebens, aber zu viel des Guten führt zu großen Umweltproblemen.

Das Meer als Endlager für Nährstoffe

Letztlich gelangt ein beträchtlicher Teil der überschüssigen Nährstoffe ins Meer. Die Zunahme der Nährstofffrachten hatte auch dort massive ökologische Folgen. Beispiel Wattenmeer – das größte zusammenhängende Meeresgebiet mit Gezeitenflächen und als Weltnaturerbe ausgezeichnet seit 2009. Durch Flüsse wie Rhein,

> **Obwohl sich der Eutrophierungszustand des Wattenmeeres bereits deutlich verbessert hat, bleibt unklar, wie stark die Nährstoffzufuhr weiter reduziert werden muss, um das Ökosystem wieder in einen sicheren und stabilen Zustand zu bringen.**

Ems, Weser und Elbe gelangten immer mehr Nährstoffe ins Meer und ins Wattenmeer. Im Winter gibt es im Wattenmeer und in der angrenzenden Nordsee kaum Algenwachstum: Es ist zu dunkel. Im Frühjahr aber sorgt das Sonnenlicht für das Wachstum der Mikroalgen (auch Phytoplankton genannt). Das Phytoplankton im Wattenmeer wird im Frühjahr von sogenannten Kieselalgen dominiert: mikroskopisch kleine Algen mit einem durchsichtigen Gehäuse aus Kieselsäure, einer Art Glas. Auch die Kieselsäure kommt aus den Flüssen, aber die Eintragsmengen sind etwa gleichgeblieben. Mit zunehmenden Nährstofffrachten aus den Flüssen konnten jedes Jahr zunächst auch immer mehr Kieselalgen wachsen. Bis zu dem Punkt, an dem die Menge an Kieselsäure nicht mehr ausreichte. Das führte zu einem Kipppunkt. Ab dann profitierten diejenigen Mikroalgen, die nur auf die hohen Einträge von Stickstoff und Phosphat angewiesen waren. Ein Nutznießer war die sogenannte Schaumalge, die vor allem in den 1980er- und 1990er-Jahren üppig wuchs und für die großen Schaumberge auf den Nordseestränden verantwortlich war.

Aber auch handgroße Makroalgen wie der Meersalat (Ulva) waren Nutznießer des Überangebots von Nährstoffen. Sie konnten große Teile der Wattflächen bedecken und lokal zu Sauerstoffschwund im Sediment führen. Mancherorts überdeckten sie das Seegras, das überall im Wattenmeer sehr stark abnahm oder sogar verschwand. Auch für das Seegras war ein Kipppunkt erreicht. (1)

Ein echter Tiefpunkt wurde 1996 erreicht, als Flüge über dem niedersächsischen Wattenmeer zeigten, das sich große Teile des Wattenmeeres schwarz gefärbt hatten – ein Anzeichen dafür, dass der Wattboden komplett frei von Sauerstoff war.

War wieder ein Kipppunkt erreicht? Glücklicherweise blieb es im Wattenmeer bei diesem einen Ereignis. Auch in Nord- und Ostsee gab es große Probleme: In der Deutschen Bucht stiegen die Nährstoffkonzentrationen stark an, es gab starke Algenblüten und es kam in den tieferen Teilen der Deutschen Bucht immer wieder zu Sauerstoffschwund. Insbesondere in den tieferen, geschichteten Regionen der Ostsee traten vermehrt sauerstofflose Bedingungen auf.

Die Eutrophierungsprobleme in den Süßwasserseen, im Wattenmeer, aber auch in der Nord- und Ostsee wurden von der Politik erkannt. Um die Nährstofffrachten zu reduzieren, wurden ab den 1970er-Jahren zahlreiche Maßnahmen ergriffen, um die Gewässer zu entlasten. Dazu gehörten die Reinigung von Abwasser, das Verbot phosphathaltiger Waschmittel und die Begrenzung des Düngemitteleinsatzes. Die Maßnahmen zeigten Wirkung und haben bis zu den späten 1990er-Jahren in der Nordsee und im Wattenmeer zu einer deutlichen Verbesserung der Wasserqualität geführt. Die Menge an Nährstoffen und Phytoplankton-Blüten ist spürbar zurückgegangen. Diese rasche Reaktion liegt vor allem daran, dass das Wasser der Nordsee und des Wattenmeeres sich schnell mit frischem Wasser aus dem Atlantik vermischt. Im nördlichen Wattenmeer wurden immer weniger Makroalgen beobachtet und zwischen Eiderstedt und Sylt kam das Seegras wieder zurück. Aber es gibt regionale Unterschiede, denn im niederländischen und im niedersächsischen Wattenmeer hat sich das Seegras noch nicht dauerhaft erholt.

Nur mancherorts Verbesserungen

In der Ostsee gibt es nach wie vor große Eutrophierungsprobleme. Einer der Gründe ist eine Art Teufelskreis, der sich dort etabliert hat: Aus den tieferen, sauerstofffreien Schichten der Ostsee wird viel Phosphat freigesetzt, das unter anderem zu Blaualgenblüten führt. Durch die geringen Austauschraten zwischen dem Atlantischen Ozean und der Ostsee wird es sehr lange dauern, bis die Ostsee auf eine Reduktion der Nährstoffeinträge reagieren wird.

Obwohl sich der Eutrophierungszustand des Wattenmeeres bereits deutlich verbessert hat, bleibt unklar, wie stark die Nährstoffzufuhr weiter reduziert werden muss, um das Ökosystem wieder in einen sicheren und stabilen Zustand innerhalb der planetarischen Grenzen zu bringen. In Zusammenarbeit mit Forschenden aus

Deutschland, den Niederlanden und Österreich wird diese Frage unter anderem im EU-Projekt NAPSEA (N and P from Source to Sea) untersucht. (2) Zwei Kipppunkte im Wattenmeer sind besonders relevant: das Verschwinden des Seegrases und die Veränderungen in der Artenzusammensetzung der Frühjahrsblüte des Phytoplanktons. Schätzungen zufolge muss der Stickstoffeintrag in die Nordsee im Vergleich zu den 2010er-Jahren um etwa 30 bis 50 Prozent reduziert werden. Diese Menge erscheint enorm, und für viele Menschen wirkt das Wattenmeer sehr fern. Daher ist es entscheidend, die Thematik auch aus einer terrestrischen Perspektive zu betrachten, die näher an den Alltag der Menschen heranrückt.

Bei Eutrophierung denken wir meistens an Wasser. Aber Stickstoffverbindungen können auch über die Luft transportiert werden und so terrestrische Ökosysteme beeinflussen. Viele Studien belegen, dass erhöhte Stickstoffeinträge die Biodiversität verringern: Pflanzen, die nährstoffarme Bedingungen bevorzugen, verschwinden, während Arten wie Brennnesseln, Brombeeren oder bestimmte Gräser profitieren. Zusätzlich wirkt sich Stickstoff auch indirekt auf Böden aus: Ammonium, eine reduzierte Stickstoffverbindung, wird dort oxidiert, wobei Säuren freigesetzt werden, die wichtige Mikronährstoffe aus dem Boden lösen. Ein Überschuss an Stickstoff beeinträchtigt auch die Qualität von Pflanzenresten als Nahrungsquelle für Insekten, was die gesamte Nahrungskette schwächt.

Schätzungen zufolge muss die Stickstoffbelastung in Deutschland im Schnitt um etwa 40 Prozent reduziert werden, um negative Auswirkungen auf die Ökosysteme zu minimieren.

Globales Problem, lokale Lösungsansätze

Das Problem der Eutrophierung ist komplex und erfordert vielfältige, aufeinander abgestimmte Lösungsansätze. Zunächst ist die konsequente Umsetzung bestehender Gesetze entscheidend. Naturbasierte Maßnahmen wie Feuchtgebiete und Pufferstreifen sowie technische Ansätze, etwa die Vermeidung von Ammoniakfreisetzung aus Gülle oder die Wiederverwendung organischer Dünger anstelle von Kunstdünger, können helfen, die Nährstoffbelastung deutlich zu reduzieren. Auch jede*r Einzelne kann dabei dazu beitragen, indem weniger Lebensmittel verschwendet und weniger tierische Produkte konsumiert werden.

Weltweit wird immer mehr Stickstoffdünger produziert. Mittlerweile bringt die Menschheit mehr Stickstoff in die Umwelt als die Natur. Es gibt Hinweise, dass die Stickstoffbelastung sogar schneller steigt als die CO_2-Belastung. Bei Phosphat sieht es anders aus: Noch immer wird viel zu viel Phosphat genutzt, aber viele der Lagerstätten sind erschöpft. Wie lange die Vorräte noch reichen werden, ist unbekannt. Die Schätzungen liegen zwischen 30 und 300 Jahren.

Die Folgen der Eutrophierung sind auch global unübersehbar: Sauerstoffprobleme in Seen und in Küstengewässern und giftige Algenblüten. Mittlerweile werden so viel Stickstoff und Phosphat in die Umwelt freigesetzt, dass wir schon heute diese planetare Grenze deutlich überschritten haben. Das Problem der Eutrophierung ist global, Lösungen müssen wir lokal unter Beteiligung aller erarbeiten. (3)

Quellen
(1) https://qsr.waddensea-worldheritage.org/
(2) www.napsea.eu
(3) www.umweltbundesamt.de/umweltatlas/reaktiver-stickstoff/reaktiver-stickstoff

Was bringt Sie an Ihren emotionalen Kipppunkt?
Wenn jemand das »Recht« auf ein Stück Fleisch fordert.

Zum Autor
Justus E. E. van Beusekom ist promovierter Meeresbiologe. Er war bis zu seinem Ruhestand 2022 u. a. in der Wattenmeerstation Sylt des Alfred-Wegener-Institutes (AWI) tätig und arbeitete als Senior Scientist am Helmholtz-Zentrum Geesthacht (jetzt Helmholtz-Zentrum Hereon). Von 2011-2016 war er Vertretungsprofessor am Institut für Meeresökologie und Fischereiwissenschaften an der Universität Hamburg. Derzeit arbeitet er in Teilzeit am AWI und am Hereon für das EU-Project napsea.

Kontakt
Dr. Justus van Beusekom
Helmholtz-Zentrum Hereon
Wattenmeerstation Sylt
E-Mail justus.beusekom@hereon.de

Wasser- und Sanitärversorgung

Anderes Denken führt zu besserem Handeln

Knappe Ressourcen, marode Infrastruktur und zunehmende Privatisierung erschweren weltweit den Zugang zu sauberem Wasser und sanitärer Versorgung. Für echte Verbesserungen braucht es vor allem einen mentalen Wandel im Umgang mit der lebenswichtigen Ressource.

Von Saravanan Subramanian

Wasser ist für die Gesundheit, die Würde und den Wohlstand der Menschen von grundlegender Bedeutung und wird in den Nachhaltigen Entwicklungszielen der Vereinten Nationen (Sustainable Development Goals, SDG) hervorgehoben (SDG 6). Dennoch haben etwa zwei Milliarden Menschen auf der Welt keinen Zugang zu einer sicher bewirtschafteten Trinkwasserversorgung und etwa drei Milliarden Menschen keinen Zugang zu einer sicheren Sanitärversorgung. Warum ist das so?

Seit mehr als einem Jahrhundert wird die Trinkwasser- und Sanitärversorgung von sogenannten Makromaßnahmen – im Rahmen einer ressourcenintensiven, zentralisierten Kontrolle sowie technikzentrierter Ansätze – dominiert. Die Maßnahmen folgen einem linearen Ansatz bei der Beschaffung, Zuteilung, Verteilung, Behandlung und Entsorgung von Wasser in ressourcenreichen Ländern mit hohem Einkommen (High Income Countries, HIC) oder in ressourcenarmen Ländern mit niedrigem und mittlerem Einkommen (Low and Middle Income Countries, LMIC). Bei einem solchen Denkansatz wird Wasser als Objekt sozialer, kultureller und ökologischer Produktion sowie als Einheit für die Verteilung und Zuteilung behandelt. Dadurch wird es von den inneren menschlichen Dimensionen, wie Emotionen, Bewusstsein, Bewusstheit und Verbundenheit, distanziert. Auch Machtverhältnisse spiegeln sich in diesem Ansatz nicht wieder. Linear denkende Menschen gehen mit einer »Fix-it-Einstellung« an die technischen, sozialen und politischen Herausforderungen heran, um ihre Linearität zu skalieren. Die Armut im Überfluss und die Armut in Zeiten der Knappheit entstehen, weil Nachhaltigkeitsthemen oft nur oberflächlich behandelt werden. Es besteht eine große Kluft zwischen abstrakten, groß angelegten Denkansätzen und der realen, menschlichen Lebenswelt, die diese nicht erreichen.

Der Flaschenwassermarkt boomt
Weltweit existieren große Ungleichheiten beim Zugang sowie bei der Verfügbarkeit und der Qualität der Trinkwasserversorgung. Darüber hinaus bezahlen die ärmsten Menschen am meisten für Trinkwasser, oft viel mehr als ihre Mitbürger*innen, die das Glück haben, einen allgemeinen Zugang zu einer (sicheren) Wasserquelle zu haben und zum Beispiel Leitungswasser nutzen zu können. Das Zurückfahren von Investitionen in die Wasserinfrastruktur führt in Ländern wie Deutschland, den USA und in den LMICs zu alternden Leitungen und zu einer Zunahme des Wasserangebots privater Anbieter. Gleichzeitig verstärken wirtschaftliche und soziale Ausgrenzung, Misstrauen gegenüber öffentlichen Dienstleistungen und veränderte Lebensstile den Druck auf die Art und Weise, wie unser Wasser bewirtschaftet wird. Weltweit haben private Wasserunternehmen an Bedeutung gewonnen, um Ineffizienzen in der Wasserversorgung zu beheben. Sie erhalten dafür Unterstützung von internationalen Gremien wie dem gemeinsamen Überwachungsprogramm für Wasserversorgung und Abwasserentsorgung der Weltgesundheitsorganisation (WHO) und dem Kinderhilfswerk der Vereinten Nationen (UNICEF) sowie verschiedenen Ländern. So soll das Erreichen des SDG 6 beschleunigt werden. Die privaten Unternehmen bieten zwar vermeintlich sicheres Wasser für bedürftige Menschen an, nutzen dabei aber auch die Sorgen, die Umwelt und die Lebensgewohnheiten dieser Menschen zu ihrem Vorteil aus.
Diese privaten Akteure – angefangen bei kleinen Karren mit Wasser zum Abfüllen, über Wassertanker und -kioske bis zu Leitungswasserversorgern – spielen eine wichtige Rolle bei der Deckung von Versorgungsdefiziten. Sie erreichen die bisher Unerreichten und versprechen den Menschen eine bessere Versorgung. Tatsächlich wächst die Flaschenwasserindustrie in Ländern mit niedrigem, mittlerem und ho-

hem Einkommen schneller als jede andere Methode für den Zugang zu Trinkwasser. Zwischen 2004 und 2016 ist der Verbrauch von abgefülltem Wasser in LMIC um 174 Prozent gestiegen, im Vergleich dazu waren es in HIC 26 Prozent. Der Verbrauch von privat abgefülltem Wasser liegt in LMIC zwischen 42 und 700 Millilitern pro Kopf und Tag und in HIC zwischen 70 und 500 Millilitern pro Kopf und Tag (vgl. Tabelle 1). Und dies obwohl HIC Milliarden von US-Dollar für die Beschaffung, Behandlung und Verteilung von erschwinglichem, qualitativ hochwertigem Trinkwasser ausgeben, das letztendlich für Toiletten und Haushaltszwecke verwendet wird. In den USA konsumieren 90 Prozent der Einwohner*innen abgefülltes Wasser. In der EU liegt der Konsum von abgefülltem Wasser bei etwa 300 Millilitern pro Kopf und Tag. Unter den europäischen Ländern sticht Deutschland durch seinen hohen Marktanteil von Flaschenwasser heraus. Es wird erwartet, dass sich der weltweite Umsatz des Flaschenwassermarkts von über 200 Millionen US-Dollar im Jahr 2014 auf über 420 Millionen US-Dollar im Jahr 2027 verdoppeln wird.

Einer der Hauptgründe für das Wachstum privater Wasserabfüllunternehmen ist der Rückgang öffentlicher Investitionen in die Infrastruktur (Desinvestition). Die

1 Verbrauch von abgefülltem Wasser in ausgewählten Ländern (in Litern pro Kopf und Tag [lpcd]).

	Lpcd öffentliche Versorgung (pro Haushalt)	Lpcd private Abfüller
Vereinigte Staaten	380	0,484
Australien	340	0,068
Mexiko	270	0,704
Südafrika	235	0,106
Vereinigtes Königreich	142	0,131
Indien	135	0,046
Deutschland	121	0,356
Vietnam	120	0,042
Kenia	83	0,071
Nigeria	10	0,073

_Quelle: Statistica, 2024. Abgefülltes Wasser weltweit.

Organisation für wirtschaftliche Zusammenarbeit und Entwicklung (OECD) betont, dass alle EU-Mitgliedstaaten ihre Investitionen bis 2030 auf 289 Milliarden Euro erhöhen müssen, um den in der Europäischen Wasserrahmenrichtlinie festgelegten Abwasserbehandlungs- und Trinkwasserbedarf zu decken. Ähnlich sieht es in den USA aus.

LMIC sind bei Investitionen in die Infrastruktur in erheblichem Maße auf ausländische Entwicklungshilfe angewiesen, die jedoch zurückgeht. Nachkriegsstimmungen, Bilder von verschmutztem Wasser aus den 1970er-Jahren und Misstrauen gegenüber öffentlichen Dienstleistungen spielen in Deutschland eine wichtige Rolle beim Umstieg auf Flaschenwasser. Überdies sorgen rassen- und klassenbasierte Diskriminierung, Marginalisierung und Vernachlässigung in einigen Ländern, wie den USA, für Skepsis gegenüber öffentlichem Leitungswasser. Auch die Marketingstrategien privater Wasserabfüller schwächen das Vertrauen, was zu einem geringeren Konsum von öffentlichem Leitungswasser führt.

Abgefülltes Wasser wird zwar als „sicher" vermarktet, ist jedoch weltweit weniger reguliert als die öffentlichen Wasserversorger, insbesondere in LMIC. Darüber hinaus ist die Zielgruppe von privat abgefülltem Wasser Haushalte mit hohem Einkommen, was die Unterschiede beim Zugang zu sauberem Wasser und die damit verbundenen gesundheitlichen Folgen verschärft. Abgefülltes Wasser ist aufgrund von enthaltenen Nanokunststoffen und Infektionskrankheiten potenziell gesundheitsschädlich. Außerdem besteht ein signifikanter Zusammenhang zwischen zugesetzten Mineralien oder aromatisiertem Wasser und nicht übertragbaren Krankheiten und psychischen Störungen. Darüber hinaus sind Kunststoffflaschen aus Polyethylenterephthalat in der Industrie der Standard. Die meisten Kunststoffflaschen landen jedoch auf Mülldeponien oder im Meer, da weniger als sieben Prozent der weltweit gesammelten Flaschen recycelt werden.

Sanitärversorgung in einer sich wandelnden Welt

Die in Großbritannien im 19. Jahrhundert und in industrialisierten HIC als „Revolution" anerkannte kanalisationsgestützte Sanitärversorgung ist wahrscheinlich eine der am wenigsten nachhaltigen Innovationen der Geschichte für LMIC. Die Erfindung hat das Abwasservolumen schätzungsweise um das Zwanzigfache er-

> **Wichtig sind neue Sanitärsysteme, die auf eine dezentrierte, flexible und anpassungsfähige sanitäre Steuerung der Sanitärversorgung setzen.**

höht. Zur Bewältigung dieses Problems wurden zentrale Kanalisationsnetze und Abwasseraufbereitungssysteme erfunden. Doch auch heute noch können kanalisationsgestützte Sanitärsysteme in den HIC nicht das gesamte in ihren Städten anfallende Abwasser aufbereiten. Großbritanniens Kanalisation ist deutlich überlastet, was zu häufigem Überlaufen führt. 2022 wurde 1,75 Millionen Stunden lang Rohabwasser in Flüsse und Meere gepumpt, im Durchschnitt 825 Mal pro Tag. Verstopfungen und Fettberge führen zu weiterem Überlaufen und Rohrbrüchen. Neben menschlichen Ausscheidungen finden sich im Abwasser Mikroplastik, endokrine Disruptoren (Chemikalien in Kunststoff, Waschmitteln und Kosmetika, die auf Hormone einwirken), Phosphor, antibiotikaresistente Bakterien und sogar Spuren von Drogen und COVID-19. Mit den derzeitigen Methoden zur Behandlung dieser Probleme werden Schadstoffe wie Mikroplastik und lösliche Medikamente nicht erkannt und entfernt. Darüber hinaus verbrauchen Abwasseraufbereitungssysteme viel Energie.

Zudem wird es wahrscheinlich in vielen Regionen weltweit bald zu grenzüberschreitenden Abwasserkonflikten kommen. Mexiko entsorgt täglich 50 Millionen Gallonen Rohabwasser an der Küste der Vereinigten Staaten. Dabei kommt es immer wieder zu größeren Austritten von Abwasser, 2017 etwa gelangten 250 Millionen Gallonen in amerikanische Gewässer. Eine Bewertung der Wirksamkeit und Effizienz der kanalisationsgestützten Sanitärversorgung aus sozialer und ökologischer Sicht in HIC ist also notwendig, ehe Städten in den LMIC Predigten gehalten werden.

In LMIC wurschteln sich Entwicklungsagenturen seit über einem Jahrhundert mit einem universellen, technikzentrierten Ansatz des „Befehlens, Kontrollierens und Regulierens" durch die Herausforderungen der Sanitärversorgung. Die Tatsache, dass die gleichen Sanitärtechnologien und die dazugehörigen Managementsysteme wie in HIC auch in LMIC in Betracht gezogen wurden, hat zu einer Benachteiligung dieser Länder im Umgang mit der Sanitärversorgung geführt. Wichtig sind neue Sanitärsysteme, die auf eine dezentrierte, flexible und anpassungsfähige sanitäre Steuerung der Sanitärversorgung setzen. Diese neuen Sanitärsysteme sollten Technologien an den jeweiligen Kontext anpassen, auf den vorhandenen Kenntnissen und Praktiken im Bereich der Sanitärversorgung aufbauen und den Dialog zwischen den Stakeholdern im Hinblick auf eine integrative Regelung der Sanitärversorgung fördern.

Von linearem zu sphärischem Denken

Der Umgang mit Wasser ist ein globales Problem. Es wird durch konkurrierende Interessen, Klimawandel und politische Spannungen verschärft. Die Vergangenheit ist nicht länger ein Wegweiser für die Zukunft, wir brauchen neue Ansätze. Alle unsere Ansätze und Strategien sowie die Art und Weise, wie wir über Themen nachdenken, basieren auf starrem linearen Denken. Nationale und internationale Entwicklungsagenturen müssen sich von diesem linearem Denken ab- und einer sphärischen Denkweise zuwenden, um Menschen und ihre Umgebungen einzubeziehen und zu erreichen. Sphärisches Denken erkennt, dass sich die Gesellschaft ständig weiterentwickelt, dass es keinen Anfang und kein Ende gibt. Diese Art des Denkens lässt sich auf Komplexität und Ungewissheit ein und erkennt an, dass eine Verallgemeinerung unmöglich ist. Sie arbeitet nicht mit Schuldzuweisungen und Beschwerden, sondern begrüßt Vielfalt und eröffnet alle denkbaren Möglichkeiten. Sie bietet eine Sicht auf die Welt, die die Dichotomie (zwischen Makro- und Mikroebene) überwindet und Unsicherheit in Kreativität verwandelt. Sphärisches Denken erfordert eine bestimmte Art von Beobachtung, ein situiertes Verständnis und berücksichtigt unterschiedliche Ansichten. Es kontextualisiert Interventionen, setzt sich für das Wohlergehen der Menschen und ihrer Umwelt ein und nimmt Anteil an den Bedürfnissen und Bestrebungen der Menschen (und ihrer Umwelt). Die drei C – context (Kontext), commitment (Engagement) und compassion (Anteilnahme) – stehen, wenn es um sicheres Trinkwasser und hygienische Sanitärpraktiken geht, nach wie vor im Mittelpunkt.

Die Kontextualisierung von Strategien ist für das sphärische Denken von zentraler Bedeutung. Es geht darum, wie gut wir – basierend auf dem kontextuellen Verständnis eines Ortes und seiner Menschen – Veränderungen schaffen können. Eine sphärisch denkende Person weist nicht mangelnden Kapazitäten oder schlechter Regierungsführung die Schuld zu, sondern stützt sich auf bestehende Prioritäten, vielfältige Wasser- und Sanitärtechnologien, lokale Kenntnisse und Kapazitäten. Engagement ist die zweite zentrale Strategie des sphärischen Denkens: Engagement für das Wohlergehen der Menschen und ihrer Umwelt, statt Reaktion auf Probleme und strategische Entwicklung von personalisierten Zielen in der internationalen Entwicklungszusammenarbeit. Die dritte Strategie ist Anteilnahme, die in einer dynamischen globalisierten Welt die Zusammenarbeit fördert, Vertrauen stärkt, Konflikte abschwächt, das Florieren der Menschen ermöglicht, und die Umwelt heilt. Die Kraft der Anteilnahme, Veränderung anzustoßen, sollte nicht unterschätzt werden.

Albert Einstein sagte einst: „Probleme kann man niemals mit derselben [wissenschaftlichen] Denkweise lösen, durch die sie entstanden sind". Wir müssen anders denken und handeln.

Anmerkungen

(1) Eine ausführliche Liste der verwendeten Quellen stellt der Autor gern auf Anfrage zur Verfügung.
(2) Ich bin für die Kommentare und Vorschläge von Elke Herrfahrdt, Heike Dollman und Irit Ittner zu diesem Artikel dankbar. Der übliche Haftungsausschluss bleibt jedoch bestehen.

Was bringt Sie an Ihren emotionalen Kipppunkt?
Wenn sich Entwicklungsakteure ernsthaft »comitten« und mitfühlend handeln.

Zum Autor
Saravanan Subramanian ist promovierter Geograph und seit 2021 am IDOS als wissenschaftlicher Mitarbeiter in der Abteilung Umwelt-Governance tätig. Zuvor war er zehn Jahre Senior Researcher am Zentrum für Entwicklungsforschung der Universität Bonn.

Kontakt
Dr. Saravanan Subramanian
German Institute of Development and Sustainability (IDOS)
E-Mail
Saravanan.Subramanian@idos-research.de

STABILISIERENDE LÖSUNGEN

Noch ist es mit vereinten Kräften möglich, das Schlimmste zu verhindern. Dafür brauchen wir kluge Strategien und entschlossenes politisches Handeln weltweit. Naturbasierte Ansätze, technische Innovationen und die Bereitschaft zu echtem Wandel können unsere persönliche und gesellschaftliche Resilienz steigern. – Welche Rolle spielt Blue Carbon beim Klimaschutz? Wie lassen sich Nord- und Ostsee nachhaltig nutzen? Was bringen alternative Kraftstoffe?

Stabilisierende Lösungen

Blue Carbon

Hoffen auf die naturgegebene Geheimwaffe

Salzmarschen, Seegraswiesen und Mangrovenwälder stehen hoch im Kurs, weil sie dabei helfen können, die Auswirkungen des Klimawandels abzuschwächen. Zudem erbringen sie auch andere wichtige Ökosystemleistungen. Aber es ist ein Rennen gegen die Zeit, sie zu schützen und wiederherzustellen.

Von Tim Jennerjahn

Lange haben wir den Klimawandel als etwas Zukünftiges, nicht konkret uns Betreffendes angesehen. Doch da wir seine Auswirkungen nun immer häufiger auch am eigenen Leibe und in der eigenen Nachbarschaft erleben, dämmert uns, dass er bereits da ist. Außerdem hat die Wissenschaft mittlerweile Instrumente entwickelt, die die drohenden Gefahren konkreter messbar und darstellbar machen. Das Konzept der planetaren Grenzen definiert neun klimatische und ökologische Schwellenwerte oder Grenzen, innerhalb derer sich die Auswirkungen unseres Handelns bewegen müssen, damit die Erde uns Menschen und auch allen anderen Lebewesen langfristig auskömmliche Lebensbedingungen bietet. Sechs von ihnen sind bereits überschritten (vgl. S. 28 ff.) Die Forschung zeigt auch, dass sich die Bedingungen nicht zwangsläufig langsam und kontinuierlich verändern, sondern dass es sogenannte Kipppunkte gibt, bei deren Erreichen rasche und weitreichende Veränderungen auftreten können, möglicherweise schon in wenigen Jahren bis Jahrzehnten.

Schnelles Handeln ist also geboten. So hat sich die Weltgemeinschaft 2015 in Paris verpflichtet, Maßnahmen zu ergreifen, die ein Überschreiten der Erwärmung um 1,5 Grad Celsius verhindern. Dies bedeutet in erster Linie, die Emission von Kohlendioxid (CO_2) und anderen Treibhausgasen zu verringern. Die Realität zeigt aber, dass das gewünschte Ausmaß der Emissionsreduktion nicht erreicht wird. So müssen wir also auch in anderer Hinsicht tätig werden, nämlich aktiv CO_2 aus der Atmosphäre entfernen. Dazu werden verschiedene technische Verfahren erprobt, die eine großskalige Entfernung ermöglichen sollen, deren Erfolg aber keineswegs gesichert ist. Hier kommt der ökologische Klimaschutz ins Spiel. Die Erde wäre längst viel wärmer und kaum noch bewohnbar, wenn nicht ein Drittel aller CO_2-Emissionen umgehend aus der Atmosphäre entfernt und in Biomasse und Böden an Land und ein Viertel in Wasser, Biomasse und Sedimenten im Ozean gespeichert würde. Die Natur hat also vorgesorgt und hat mit der Entwicklung pflanzlichen Lebens – bereits vor vier Milliarden Jahren im Ozean und vor 400 bis 500 Millionen Jahren an Land – natürliche Klimaschutzmechanismen geschaffen, die wir heutzutage als „naturbasierte Lösungen" bezeichnen. Unter naturbasierten Lösungen (Nature-based Solutions, NbS) verstehen wir allerdings mehr als nur deren Klimaschutzfunktion. NbS beinhalten vielmehr Maßnahmen zu Schutz, Erhaltung, Wiederherstellung und nachhaltiger Nutzung von Land-, Süßwasser-, Küsten- und Meeresökosystemen. Diese Maßnahmen tragen auch zu biologischer Vielfalt, der Erbringung von Ökosystemleistungen und menschlichem Wohlbefinden bei. So können wir gleich mehrfach vom ökologischen Klimaschutz profitieren.

Das Potenzial des naturbasierten Klimaschutzes

Doch wie groß ist das Potenzial der NbS für den Klimaschutz angesichts jährlicher Treibhausgasemissionen von fast 60 Gigatonnen CO_2-Äquivalenten (Gt CO_2e)? Zusammengenommen wird das Speicherpotenzial von Wäldern, Acker- und Weideland sowie terrestrischen und Küstenfeuchtgebieten auf zehn bis zwölf Gt CO_2e pro Jahr geschätzt. (1) Insgesamt unterliegen die Abschätzungen großen Unsicherheiten, die eine Überschätzung der Speicherpotenziale sehr wahrscheinlich machen. (2) Während die Forschung im terrestrischen Bereich weit fortgeschritten ist, hinkt sie im Bereich der Küsten- und Meeresgebiete deutlich hinterher.

> **Die Natur hat vorgesorgt und hat mit der Entwicklung pflanzlichen Lebens natürliche Klimaschutzmechanismen geschaffen.**

En vogue: Blauer Kohlenstoff

Mit der Einführung des Begriffs „Blue Carbon" im Jahr 2009 gewann die Rolle des Ozeans inklusive der Küstenfeuchtgebiete für die Klimawandelabschwächung in der Wissenschaft wie auch in Politik und Öffentlichkeit an Bedeutung. In den folgenden Jahren nahm die Zahl wissenschaftlicher Publikationen zu dem Thema exponentiell zu. Blue Carbon ist auch zu einem wichtigen Thema auf den alljährlich stattfindenden Klimakonferenzen der Vereinten Nationen geworden.

Blue Carbon ist mittlerweile ein von vielen im Zusammenhang mit der Klimawandel-abschwächung benutzter Begriff, für den es aber keine eindeutige wissenschaftliche Definition gibt. Mithin hat er eine Vielzahl von Bedeutungen erhalten, die zu Konfusion im Dialog zwischen Wissenschaft, Politik und Gesellschaft führten. Die Festlegung einiger wichtiger Kriterien schuf die gemeinsame Diskussionsbasis, die für politische und gesellschaftliche Verhandlungen notwendig ist. Im Sinne einer naturbasierten Lösung sind Blue-Carbon-Ökosysteme (Blue Carbon ecosystems, BCE) solche, die a) signifikante Mengen an Treibhausgasen aus der Atmosphäre entfernen, b) diese für einen langen Zeitraum speichern, c) durch unerwünschte menschliche Eingriffe gefährdet sind, d) ihre Kohlenstoffspeicherung durch Bewirtschaftung oder Management erhalten oder sogar erhöhen, und e) durch die Interventionen keine negativen sozialen oder ökologischen Auswirkungen erfahren. Außerdem sollen die Interventionen im Einklang mit anderen politischen Maßnahmen zur Klimawandelabschwächung und -anpassung stehen. (3)

Die derzeit von Wissenschaft und Gesellschaft akzeptierten BCE sind Mangrovenwälder, Seegraswiesen und Salzmarschen, da sie die vorgenannten Kriterien erfüllen. Über Ökosysteme wie Makroalgen, Seetang, Meeressedimente und nicht bewachsene Wattflächen wird diskutiert. Der derzeitige Stand der Forschung lässt

für diese aber noch keine Beurteilung des zusätzlichen Effekts der Kohlenstoffspeicherung durch menschliche Eingriffe zu. Für Korallenriffe und marine Fauna ist hingegen klar, dass sie nicht zur Klimawandelabschwächung beitragen. (4)
Die zuverlässige Quantifizierung der Treibhausgasemissionen und Kohlenstoffspeicherung von BCE ist der nächste Schritt zur Nutzung als Instrument der Klimapolitik. Die Weltgemeinschaft trägt der Bedeutung der BCE nunmehr auch praktisch Rechnung, indem sie sie in die nationalen Klimabeiträge (Nationally Determined Contributions, NDC) aufnimmt, die für das Erreichen der Klimaziele notwendig sind. Im Oktober 2023 enthielten 97 von 148 neuen oder überarbeiteten NDCs, die an das Rahmenübereinkommen der Vereinten Nationen über Klimaänderungen (United Nations Framework Convention on Climate Change, UNFCCC) gemeldet wurden, den Schutz, die Wiederherstellung und die nachhaltige Bewirtschaftung von Küsten- und Meeresökosystemen (Mangrovenwälder, Seegraswiesen, Salzmarschen) und deren Kohlenstoffspeicherung. NDCs sind aber nur der erste Schritt zur Klimawirksamkeit, handelt es sich doch um ambitionierte Ziele, die aber letztlich nur Absichtserklärungen sind. Was zählt sind die nationalen Inventare (National Inventory Reports, NIR) der Treibhausgasemissionen und Kohlenstoffspeicherung. Von den im Oktober 2023 existierenden 44 NIRs enthielten gerade einmal neun Küstenfeuchtgebiete, sechs davon auch explizit Mangrovenwälder. In allen Fällen ist die Quantifizierung allerdings noch mit großen Unsicherheiten behaftet.

Ökosysteme und Klimawandelabschwächung

Am wichtigsten für die langfristige Kohlenstoffspeicherung sind die Böden beziehungsweise Sedimente. Die lebende Biomasse macht im Fall der Mangrovenwälder maximal zehn bis zwanzig Prozent der gesamten Kohlenstoffspeicherung aus. In Salzmarschen und Seegraswiesen ist sie dagegen fast vernachlässigbar. Der Forschungsstand und damit auch die Verlässlichkeit der Zahlen ist für Mangrovenwälder deutlich besser als für Salzmarschen und Seegraswiesen. Dennoch gibt es global betrachtet noch große Unsicherheiten in den Berechnungen aufgrund regionaler Datenlücken und der Vielzahl von Einflussfaktoren, die die Emission und Speicherung von Kohlenstoff in Blue-Carbon-Ökosystemen steuern. (5) Mangrovenwälder und Salzmarschen haben mit 850 beziehungsweise 900 Gramm CO_2e pro

Quadratmeter und Jahr (g CO_2e m^{-2} a^{-1}) eine deutlich höhere Kohlenstoffspeicherungsrate im Sediment als die Seegraswiesen mit 500 g CO_2e m^{-2} a^{-1}. Letztere haben allerdings mit 150.000 bis 300.000 Quadratkilometern (km²) die größte globale Ausdehnung, verglichen mit den 147.000 km² der Mangrovenwälder oder den 50.000 bis 90.000 km² der Salzmarschen. Daraus ergeben sich globale Kohlenstoffspeicherraten von 0,08, 0,05 und 0,08 Gt CO_2e pro Jahr für Mangrovenwälder, Salzmarschen und Seegraswiesen, insgesamt also 0,21 Gt CO_2e pro Jahr für alle BCE zusammen. Dies entspricht weniger als einem halben Prozent der globalen Treibhausgasemissionen eines Jahres und zeigt, dass Blue Carbon in der globalen Klimawandelabschwächung eher vernachlässigbar ist.

Es ist aber alles eine Frage des Maßstabs. Die oben genannten Zahlen liegen außerhalb unseres Vorstellungsvermögens, fühlen sich daher an wie etwas Abstraktes, etwas, was uns nicht direkt berührt. Wir können aber sehr wohl die Größe einer täglich zu beobachtenden CO_2-Quelle einschätzen: einen 60 Tonnen schweren und 26 m langen LKW mit Anhänger. Rechnen wir die globale Speicherung in Blue-Carbon-Ökosystemen von 0,21 Gt CO_2e pro Jahr in solche LKWs um, kommen wir bei der astronomischen Anzahl von 3,5 Millionen LKWs an, aneinandergereiht eine Schlange von 91.000 Kilometern, die mehr als zwei Mal um den Erdball reichen würde. Und wieder sind wir bei einer Zahl angekommen, die außerhalb unserer Vorstellungskraft liegt, was uns aber verdeutlichen sollte, dass Blue-Carbon-Ökosysteme sehr wohl eine quantitativ bedeutsame Klimaschutzfunktion haben. Noch deutlicher wird das, wenn man einzelne Regionen oder Länder (insbesondere in den Tropen) betrachtet, die den Großteil der Blue-Carbon-Ökosysteme beherbergen, wie etwa Australien, Indonesien und Kuba. In diesen Ländern tragen die Blue-Carbon-Ökosysteme im Vergleich zu den eigenen Emissionen einen weitaus höheren Anteil zur Klimawandelabschwächung bei als im globalen Durchschnitt.

Klein, aber wichtig

Doch die Klimakrise ist nur ein Teil der derzeit oft beschworenen dreifachen planetaren Krise; Biodiversitätsverlust und Verschmutzung bedrohen Mensch und Umwelt in ähnlicher Weise. Auch hier kommen die Blue-Carbon-Ökosysteme ins Spiel, denn sie erbringen neben der Klimaschutzfunktion auch viele andere Ökosystemleistungen. Sie bieten Küstenschutz gegen Stürme und Wellen, sie reinigen das Wasser, sie entziehen und speichern Schadstoffe, sie bieten Fischen und anderen Meeresorganismen Schutz und Futter, sie fördern die Biodiversität durch ihren Artenreichtum und sie stellen eine Nahrungs- und Einkommensquelle für die lokale Bevölkerung dar. Damit leisten sie auch einen wichtigen Beitrag zu vielen der 17 Nachhaltigkeitsziele der Vereinten Nationen (SDGs), insbesondere zu den Zielen „Maßnahmen zum Klimaschutz" (SDG 13) und „Leben unter Wasser" (SDG 14). Blue-Carbon-Ökosysteme sind also in Bezug auf die Klimawandelabschwächung eine kleine, aber zu beachtende Größe. Kritisch zu betrachten sind die derzeit noch recht großen Unsicherheiten bei der Quantifizierung, die zur Überschätzung verleiten können. Im Verbund des ökologischen Klimaschutzes und der vielen anderen Ökosystemleistungen, die sie erbringen, sollten wir die Blue-Carbon-Ökosysteme aber als eine naturgegebene Geheimwaffe gegen unsere globalen Krisen sehen. Politik und Gesellschaft sollten deren Schutz, Erhaltung, Wiederherstellung und, wenn möglich, Erweiterung vorrangig betreiben.

Quellen
(1) www.pnas.org/doi/full/10.1073/pnas.1710465114
(2) www.umweltbundesamt.de/publikationen/nature-based-solutions-global-climate-protection.
(3) https://royalsocietypublishing.org/doi/10.1098/rsbl.2018.0781
(4) www.sciencedirect.com/science/article/pii/S0308597X23003214?via%3Dihub
(5) www.sciencedirect.com/science/article/pii/S0272771420307587?via%3Dihub

Was bringt Sie an Ihren emotionalen Kipppunkt?
Die Impertinenz der Klimawandelkleinredner!

Zum Autor
Tim Jennerjahn ist Biogeochemiker am Leibniz-Zentrum für Marine Tropenforschung (ZMT). Er untersucht die Auswirkungen von Klimawandel und Umweltveränderungen auf die Stoffkreisläufe und die Ökologie tropischer Küsten.

Kontakt
Tim Jennerjahn
Leibniz-Zentrum für Marine Tropenforschung
E-Mail tim.jennerjahn@leibniz-zmt.de

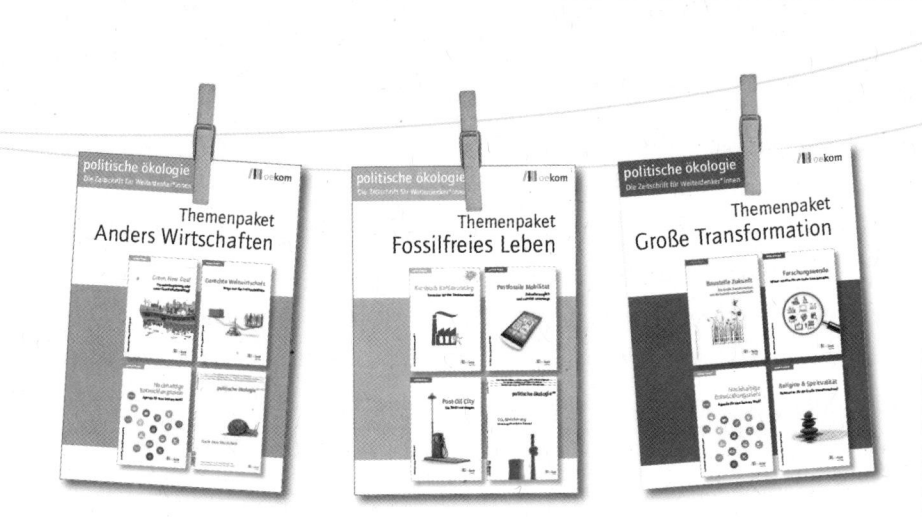

Zukunftswissen im Paket

Welche Werte leiten uns im 21. Jahrhundert? Wie lebt es sich gut nach Kohle, Öl und Gas? Wer kann uns Vorbild sein in diesen herausfordernden transformativen Zeiten? Das sind die großen Fragen unserer Zeit.

Mögliche Lösungen finden Sie in insgesamt sieben Themenpaketen der *politischen ökologie*.

Sparen Sie bis zu **20 %** des regulären Gesamtpreises!

Themenpakete jetzt entdecken und sparen!

Infos und Preise unter:
www.politische-oekologie.de/themenpakete

Ökosysteme in Nord- und Ostsee

Nachhaltig nutzen statt überlasten

Vom steigenden Druck auf natürliche Ressourcen sind auch Nord- und Ostsee betroffen. Ihre Ökosysteme leiden unter zu starker wirtschaftlicher Nutzung. Ansätze zur Verringerung des Nutzungsdrucks und zur Stärkung der Resilienz der marinen Umwelt bieten einen Ausweg.

Von Monika Dittrich

Seit Urzeiten nutzen Menschen das Meer als Verkehrsweg und Quelle für Nahrungsmittel. Auch in der deutschen ausschließlichen Wirtschaftszone (AWZ) in der Nord- und Ostsee sind Verkehrswege ausgewiesen, die dem Seerechtsübereinkommen folgend die Sicherheit und Leichtigkeit der Seefahrt gewährleisten müssen. Sie zählen zu den verkehrsreichsten Seewegen der Welt. Rund die Hälfte der AWZ ist im aktuellen Raumordnungsplan von 2021 als Verkehrsfläche ausgewiesen. Zwar sollen internationale Initiativen zu verkehrslenkenden Maßnahmen verfolgt werden, mögliche Minderungsmaßnahmen des internationalen Verkehrsaufkommens werden jedoch nicht berücksichtigt.

Die Fischerei gehört zur wirtschaftlichen Nutzung, die in dem gesamten Gebiet ausgeübt wird. Begrenzt wird die Fischerei durch die Fangquoten, die der Rat „Landwirtschaft und Fischerei" der EU für die europäischen Gewässer festlegt und die dann in nationale Quoten übersetzt werden. Die Fangquoten sollen sich an der Menge orientieren, die zum Erhalt der Bestände erforderlich ist. In den letzten Jahren sind die Fangquoten verschiedener Fische für die Ostsee zurückgegangen und für die Nordsee gestiegen. Letzteres wurde von Umweltverbänden als unzureichend für den Erhalt der Fischbestände kritisiert.

Nord- und Ostsee sind auch eine wichtige europäische Quelle für Erdöl und Erdgas. In Deutschland befindet sich die einzige Offshore-Ölplattform im Nationalpark Schleswig-Holstein. Da die Genehmigung vor der Ausweisung des Nationalparks erteilt wurde, hat sie bis 2041 Bestandschutz. Darüber hinaus gibt es nahe der Doggerbank ein Offshore-Erdgasfeld. Der Raumordnungsplan legt Vorranggebiete für den (zukünftigen) Abbau von Kohlenwasserstoffen sowie von Sand und Kies fest. Begründet wird dies mit Bezug auf die deutsche Rohstoffstrategie und der Feststellung von Knappheiten seitens der Bergbauindustrie. Ein Bezug auf das Ressourceneffizienzprogramm und die Hebung von Potenzialen durch die Kreislaufwirtschaft wird ebenso wenig hergestellt wie der Bezug auf die Klimaziele, die einen Rückgang der Nutzung von fossilen Rohstoffen vorsehen.

Sich widersprechende Nutzungsansprüche

Eine vergleichsweise neue Nutzung ist die Energiegewinnung. Offshore-Windparke ermöglichen aufgrund der Windverhältnisse im Vergleich zu Onshore-Windparken eine höhere und stetigere Energieausbeute und gelten daher als ein wichtiger Pfeiler der Energiewende. Der Widerstand gegen Offshore-Windkraftanlagen ist zudem geringer als gegen solche an Land. Das Windenergie-auf-See-Gesetz sieht einen Ausbaupfad von 30 Gigawatt (GW) bis 2030 und 70 GW in 2045 vor. Daher wurde der Flächenentwicklungsplan 2023 aktualisiert. Rund 15 Prozent der Fläche der Nordsee ist für diese Nutzung vorgesehen. Hinzu soll zukünftig die Verpressung von Kohlendioxid im Untergrund kommen, um den Anstieg der Treibhausgaskonzentration zu bremsen. Darüber hinaus sind circa ein Viertel der Fläche in der AWZ in der Nord- und Ostsee Übungsfelder für die Marine, um die Funktions- und Verteidigungsfähigkeit des Militärs aufrechtzuerhalten sowie um Bündnisverpflichtungen nachzukommen. Für die Meeresforschung sind zudem weniger als zehn Prozent der Flächen reserviert. Auch Gebietsausweisungen für Pipelines und Kabel nehmen weniger als zehn Prozent der Fläche in Anspruch.

Das Wattenmeer in der Nordsee ist ein einzigartiges Ökosystem und als Weltnaturerbe ausgezeichnet. Es liegt innerhalb der Zwölf-Seemeilen-Zone. In der AWZ sind je drei Naturschutzgebiete in der Nord- und Ostsee ausgewiesen. Sie nehmen knapp ein Drittel der Fläche ein. Angesichts der vielen Nutzungsansprüche überrascht es kaum, dass auf nahezu jedem Flächenstück der AWZ in der Nord- oder Ostsee mehr als ein Nutzungsanspruch liegt, auch in den Naturschutzgebieten. Während sich manche Nutzungen ergänzen können, ist dies gerade beim Naturschutz schwierig. In den Schutzgebieten in der AWZ sind unter anderem Fischerei, die Extraktion von Rohstoffen, Schifffahrt und militärische Übungen erlaubt.

Ökologische Auswirkungen

Wie alle Gewässer erwärmen sich auch die Nord- und Ostsee. Laut Geomar hat sich die Temperatur in den Weltmeeren inzwischen um 0,5 Grad Celsius (°C) und in der Ostsee um 1,5 °C erhöht. Auch die Versauerung schreitet voran: Messreihen zeigen, dass der pH-Wert der Nordsee bereits um 0,1 Einheiten gesunken ist. Die Versauerung erschwert beispielsweise die Skelettbildung von Schalentieren, während Quallen und bestimmte Algen profitieren und in ihren Beständen wachsen. Durch die Nährstoffeinträge aus Landwirtschaft und Abwässern eutrophiert insbesondere die Ostsee, deren Wassermasse nur etwa alle 30 Jahre ausgetauscht wird. Die Einträge sind zwar seit den 1980er-Jahren rückläufig, aber in Nord- und Ostsee noch immer zu hoch, so dass der „gute ökologische Zustand" nach der Oberflächengewässerverordnung weiterhin nicht erreicht wird. Die Folge ist ein übermäßiges Wachstum von Algen und anderen Kleinstorganismen, die den Sauerstoff im Wasser verbrauchen. In der Ostsee nehmen daher die sogenannten toten Zonen, in denen keine Tiere und Pflanzen leben können, zu.

Einträge von Müll, (Reifen-)Abrieb und sonstigen Emissionen durch Industrie und andere menschliche Aktivitäten beeinträchtigen die Qualität der Ökosysteme zudem. Hier ist auch die Kriegsmunition aus den Weltkriegen zu nennen, von der 2024 erstmals im Rahmen eines Pilotprojekts ein kleiner Teil aus der Ostsee geborgen wurde. Müllsammlungen und -kartierungen zeigen die starke Belastung der Küsten und Gewässer insbesondere mit langlebigen Kunststoffen und zunehmend auch mit Mikrokunststoffen. Als wichtiger Indikator gilt die Kunststoffmenge, die in toten Eissturmvögeln gefunden wird, denn Eissturmvögel sind weit verbreitet und nehmen ihre Nahrung nur auf hoher See auf. Kritisch ist eine Menge von über

0,1 Gramm im Magen der Tiere, die zwischen 2017 und 2021 bei 49 Prozent aller Vögel an der Nordsee festgestellt wurde. Verursacher des Mülls sind insbesondere die Fischerei sowie der Tourismus einschließlich Freizeitaktivitäten.

Die oben genannten Nutzungen erhöhen zudem Einträge von Müll (z. B. Fischerei, Seeschifffahrt), von invasiven Arten als blinde Passagiere (z. B. Seeschifffahrt), von Lärm (z. B. Militär, Rohstoffgewinnung) und Eingriffe in die Meeresböden (z. B. Pipelines, Kabel, Windparke, Schleppnetzfischerei). Mit zunehmender Nutzung geht auch das Risiko weiterer Unfälle einher. Alle Nutzungen wirken dabei kumulativ und erhöhen bereits bestehende Belastungen.

Machbare Lösungsstrategien

Um die Qualität der Ökosysteme in der Nord- und Ostsee wieder zu verbessern, sind verschiedene Strategien unerlässlich, darunter auch solche, die den Nutzungsdruck und Umweltwirkungen erheblich reduzieren könnten. Hierzu zählt die schnelle Reduktion der Treibhausgasemissionen in Deutschland und anderen Ländern. Eine Umstellung auf erneuerbare Energien ließe die Förderung von fossilen Energieträgern in Nord- und Ostsee überflüssig werden. Die Hebung von Effizienz- und Suffizienzpotenzialen beim Energieverbrauch könnte den Bedarf an zusätzlichen Offshore-Windparks reduzieren. Während verschiedene Energieszenarien von mindestens 1.700 Terrawattstunden (TWh) Endenergienachfrage in den Jahren 2045 oder 2050 ausgehen, liegt die Menge in Szenarien, die Effizienz- und Suffizienzpotenziale berücksichtigen, deutlich niedriger bei unter 1.400 TWh. Der Ausbaupfad für Wind-Offshore liegt in einigen Szenarien, die Suffizienzansätze berücksichtigen, bei der Hälfte der aktuell gesetzlich vorgesehenen installierten Leistungen.

Die Minderung der Nährstoffeinträge ließe sich durch eine regenerative Landwirtschaft und eine Reduktion der (Massen-) Tierhaltung erreichen. Die Reduktion des Ressourcenverbrauchs einschließlich einer zirkulären Wirtschaft kann nicht nur zu einem Rückgang von Abfällen, sondern auch zu einer Minderung der Nachfrage nach weiteren Primärrohstoffen führen. Aufbereiteter Bauschutt als Kiesersatz und Maßnahmen zur Verlängerung oder Wiederverwendung von Bauteilen können den Abbau von Sand und Kies in der Nordsee überflüssig machen. Die Reduktion des Ressourcenverbrauchs, insbesondere in Form der Förderung regionaler Kreisläufe und Suffizienzstrategien, trägt ferner dazu bei, das Güteraufkommen grundsätzlich zu reduzieren, sodass auch der Anstieg des Schiffsverkehrs gestoppt oder zumindest reduziert werden könnte.

Während die oberen Ansatzpunkte den generellen Nutzungsdruck mindern und so zur Entlastung beitragen können, muss angesichts der aktuellen Degradation auch die Resilienz der marinen Ökosysteme gestärkt werden. Hierbei zeigt sich, dass Schutzgebiete mit eingeschränkter Nutzung zwar Entlastungen bringen, besonders effektiv jedoch Schutzgebiete sind, in denen keine Nutzung zulässig ist. Sie weisen eine weitaus höhere Biodiversität und Biomasse als nicht geschützte oder nur schwach geschützte Gebiete auf. Der Fischbestand erholt sich in stark geschützten Gebieten schneller. Diese Gebiete haben aufgrund der höheren Biodiversität größere Fähigkeiten, sich auf die Folgen des Klimawandels einzustellen. Die Biodiversitätsstrategie der Vereinten Nationen strebt einen Schutz von 30 Prozent der globalen Meeresfläche an, aktuell (2024) sind weltweit jedoch nur 8,4 Prozent geschützt und nur 2,9 Prozent streng geschützt. Die in der AWZ der deutschen Nord- und Ostsee ausgewiesenen Naturschutzgebiete erlauben auch andere Nutzungen. Zur Erholung und Stärkung der Widerstandsfähigkeit der Ökosysteme wäre eine strenge Unterschutzstellung vorteilhafter.

Anmerkung
Die Referenzliste stellt die Autorin auf Wunsch gerne zur Verfügung.

Zur Autorin
Monika Dittrich leitet den Forschungsbereich Zirkuläre Systeme am Wuppertal Institut. Sie berät auch Ministerien, Behörden und zivilgesellschaftliche Akteure.

Was bringt Sie an Ihren emotionalen Kipppunkt?
Wenn Menschen freiwillig Unfreiheit wählen.

Kontakt
Dr. Monika Dittrich
Wuppertal Institut
E-Mail monika.dittrich@wupperinst.org

Hundert Prozent erneuerbare Energien

Geht doch!

Obwohl der Anteil erneuerbarer Energien wächst, ist der Weg zu einer vollständigen Versorgung mit Sonne, Wind & Co. noch weit. Eine klimaneutrale Energiezukunft ist möglich, erfordert aber nicht nur mehr Effizienz und Dezentralität, sondern auch einen echten Wandel bei Infrastruktur und Konsumgewohnheiten.

Von Gabriela Terhorst

Wir sind noch ein ganzes Stück entfernt von einer vollständigen Energieversorgung mit erneuerbaren Energien (EE). Im Stromsektor lässt sich die Marke von 60 Prozent im Jahr 2024 sicher erreichen, während der Verkehrsbereich beharrlich unter zehn Prozent bleibt. Bei der Wärme beträgt der EE-Anteil unter 20 Prozent, größtenteils erzeugt mit Holzheizungen, die Umweltverbände nicht als erneuerbar auffassen. Insgesamt beläuft sich der EE-Anteil auf knapp über 20 Prozent. Es bleibt also noch viel zu tun, gerade wenn absehbar mehr Strom im Verkehrs- und Wärmesektor gebraucht wird und die heutige Stromerzeugung verdoppelt werden muss. Und das nicht erst im Jahr 2045, sondern möglichst schon bis 2035. Mission (im-)possible?

Zahlreiche Studien zeigen Szenarien, wie Deutschland mit 100 Prozent EE versorgt werden kann. Einen Überblick findet man im Forschungsprojekt ARIADNE des Forschungsprogramms KOPERNIKUS, das, wie der Name schon sagt, den berühmten roten Faden der Entwicklungspfade der Energiewende aufzeigen soll. Schon vor einigen Jahren hat das Fraunhofer Institut für Solare Energiesysteme (ISE) ein Gesamtmodell erstellt, in dem sich die Szenarien „Beharrung" und „Suffizienz" klar unterschieden haben. (1) Deutlich wird: Szenarien, die auf eine Senkung des Energiebedarfs durch bedarfsmindernde Suffizienz und konsequente Anwendung der Energieeffizienz in allen Bereichen setzen, tun sich mit der Bereitstellung der Energiemengen deutlich leichter. Denn die Bereitstellung von EE braucht Platz und auch wenn man davon nur wenig benötigt, ist dies oft genug Anlass für Proteste und Klagen.

Wieviel Energie ist ausreichend?
Wesentliche Bezugsgröße für Szenarien ist der Endenergieverbrauch, der im Jahr 2024 in Deutschland noch bei rund 2.400 Terawattstunden (TWh) liegt, davon etwa 500 TWh Strom, 600 TWh Mineralöl für den Verkehrssektor, 800 TWh Niedertemperaturwärme und etwa 500 TWh Prozesswärme. Hinzu kommen weitere 150 TWh nicht energetischer Verbrauch fossiler Energieträger vor allem in der Chemieindustrie. Will man – wie in vielen Szenarien angestrebt – diesen Energieeinsatz eins zu eins ohne Energieeinsparung auf EE umzustellen, gibt es Probleme. Den heutigen Wärmebedarf allein durch Wärmepumpen bereitzustellen, würde circa 300 TWh mehr Strombedarf generieren. Im Verkehrsbereich wären dies zusätzliche 200 TWh Strom und mit künstlichen Energieträgern zur Herstellung von Kunststoffen weitere 500 TWh Strom. Hinzu käme ein Bedarf für die Herstellung von Wasserstoff für die Industrie und die Reservestromversorgung von mehreren 100 TWh. Der künftige Strombedarf würde sich mit solchen Ansätzen auf über 1.500 TWh mehr als verdreifachen. (2) Weil dies aber mit Wind- und Sonnenenergie in Deutschland nicht darstellbar ist, setzt die Politik auf Wasserstoffimporte aus dem Ausland und Offshore-Windenergie. Diese Strategie ist nicht nur teuer, sondern ruft einen immensen Leitungsausbau für Strom und Wasserstoff mit Kosten von mehr als 500 Milliarden Euro hervor. Außerdem könnten dadurch neue politische Abhängigkeiten entstehen.
Die Erzeugung von Strom aus Wind und Sonne mag zwar immer kostengünstiger werden und weniger als fünf Cent pro Kilowattstunde (ct/kWh) kosten, andererseits steigen aber die Kosten der Infrastruktur auf ein weder wirtschaftlich noch sozial bezahlbares Maß von über 25 ct/kWh. (3) Die Grundfehler sind die Bereitstellung der EE in neuen zentralen Strukturen und die unzureichende Anwendung

> **Die Grundfehler sind die Bereitstellung der erneuerbaren Energien in neuen zentralen Strukturen und die unzureichende Anwendung von Energieeffizienzmaßnahmen.**

von Energieeffizienzmaßnahmen. Zentrales Element der Energiewende muss daher die Energieeffizienz sein. Der derzeitige Endenergiebedarf ließe sich in allen Bereichen etwa auf die Hälfte, also auf 1.400 TWh, senken. So sieht es auch das Energieeffizienzgesetz vor. Um dies zu erreichen, sollte Mobilität weitgehend elektrisch stattfinden: mit dem ÖPNV, Bahnen und effizienten Kleinfahrzeugen. Der Einsatz von Wärmepumpen kann in sanierten Gebäuden mit geringeren Heiztemperaturen effizient erfolgen. Für die »grüne« Fernwärme müssen Potenziale der Abwärme aus Gewerbe, Flüssen und Abwasser genutzt werden. Solarwärme kann auf Dächern und Freilandanlagen (wie in Dänemark) einen wichtigen Beitrag leisten. Bioenergie kommt zur Deckung von Spitzenlasten bei Strom und Wärme begrenzt zum Einsatz. Zur Senkung des nicht energetischen Bedarfs sollte außerdem die mehrfache Nutzung von Produkten, Verpackungen und Recycling konsequent umgesetzt werden. (4)

Dezentrale Konzepte beim Ausbau der EE anzuwenden, ist logisch, da der Ausbau von Wind- und Sonnenenergieanlagen eben im ganzen Land möglich ist. Der BUND hat schon vor über zehn Jahren gefordert, landesweit 1,5 bis 2,5 Prozent der Landesfläche für Windenergie-Vorrangflächen auszuweisen – erst im Jahr 2023 wurde dies Gesetz. Photovoltaik (PV) wird ohnehin meist dezentral installiert. Der BUND schlägt vor, ein Drittel des PV-Ausbaus auf 0,5 Prozent der Landesfläche umzusetzen. Damit könnten mit einer Leistung von 200 GW Windenergie 500 TWh Strom und mit insgesamt 350 GW PV weitere 350 TWh Strom erzeugt werden. Sinnvoll ist hier der Einsatz von Stromspeichern, und Batterien, um die Stromerzeugungsspitzen auf einen gleichmäßigeren Bedarf von 80 bis 100 GW zu glätten. Werden die Speicher netzdienlich eingesetzt, könnte die Stromeinspeisung gleichmäßig erfolgen und der Netzausbau auf weniger als die Hälfte vermindert werden. Ein Großteil der 1.000 bestehenden Biogasanlagen könnten, mit Gasspeichern ausgestattet, 30 GW für die Stromreserve bereitstellen, wenn Wind und Sonne nicht genug liefern. Weitere zeitweilige Überschüsse der Stromerzeugung können in Wasserstoff gewandelt, als Reserve der Stromerzeugung und für die Industrie, zur Verfügung stehen. (4)

Kein sinnvoll zusammengesetztes Puzzle
So sehr einzelne Projekte der Bundesregierung zur Energiewende zu begrüßen sind – die einzelnen Maßnahmen passen oft schlicht nicht zusammen. Aus Angst vor möglichen Protesten im Süden der Republik sollen 70 GW Windenergie in der Nordsee erzeugt werden, was wiederum den Bau von Dutzenden, mehrere 100 Kilometer langen Stromleitungen Richtung Süden bedingt, nur um einheitliche Börsenpreise zu halten. Dafür werden immense Natureingriffe für die Verlegung der Erdkabel und Steigerungen der Netzentgelte von 10 bis 20 ct/kWh in Kauf genommen. Ein ökologischer und ökonomischer Wahnsinn.
Zudem müssen die Vorschriften zur Gebäudesanierung nicht mit der Planung von Quartieren und Wärmenetzen abgestimmt werden. Bezeichnenderweise wird Wärmeeinsparung an Gebäuden nur mit 15 Prozent, Wärmepumpen hingegen mit 55 bis 70 Prozent der Investition durch das Bundes-amt für Wirtschaft und Ausfuhrkontrolle (BAFA) und die Kreditanstalt für Wiederaufbau (KfW) gefördert. Sinnvolle Stromspeicher wurden noch vor wenigen Jahren als getrennte Verbraucher und Einspeiser betrachtet, um beide Vorgänge besteuern zu können. Große unflexible Dauerverbraucher von Strom sind dagegen weitgehend von den Netzentgelten befreit. Gesetzliche Mieterstromregeln sind immer noch so komplex, dass sie kaum umgesetzt werden.
Die Förderung integrierter kommunaler Quartierskonzepte wurde eingestellt. Da dezentrale Konzepte kaum unterstützt werden, setzt das Bundesministerium für Wirtschaft und Klimaschutz nun für die Versorgungssicherheit auf den Bau dutzender Großkraftwerke, meist mit Erdgas betriebenen Turbinen, mit der Option, sie auf Wasserstoff umzustellen. Dabei bleibt die Herkunft des Wasserstoffs unklar, aber der Preis wird sicher hoch sein. Das Modell der Energiewende ist bislang zen-

tralistisch, zwar auf EE basierend, aber mit neuen Zentralstrukturen in den Händen von Großinvestor*innen und Übertragungsnetzbetreibern mit garantierter Rendite. Also teuer und umweltbelastend – so haben wir uns die Energiewende nicht vorgestellt!

Das Gemeinschaftwerk neu organisieren

Die „Ethik-Kommission Sichere Energieversorgung" hat bereits in ihrem Bericht im Jahr 2011 betont, dass die Energiewende ein Gemeinschaftswerk sein solle. (5) Viele ihrer Empfehlungen und Hinweise harren immer noch der Umsetzung. Nach Energieeffizienz an erster Stelle folgte die Dezentralität für die Versorgungssicherheit. Das Zusammenspiel der Energieerzeugung aus Wind, Sonne, Biomasse sollte primär regional organisiert werden. Der Bedarf ließe sich durch den kon-trollierten Einsatz verschiedener „Flexibilitäten" decken. Dazu zählen Lastmanagement, das zeitli-che Verschieben von Energiebedarfen, regelbare kleine regionale Kraftwerke (z. B. mit Biogas) und der Einsatz von Speichern für Strom und Wärme.

Im Juli 2024 forderten mehrere Energieexper*tinnen die Einführung regionaler Strompreiszonen, anstelle des Mantras einer einheitlichen Preiszone, das den überdimensionierten Netzausbau bedingt. Allerdings fehlt die Förderung für regionale Energiegemeinschaften. Kommunaler Klimaschutz muss zur (finanzierten) Pflichtaufgabe werden, wie es der Rat für Nachhaltige Entwicklung fordert. Die Ethik-Kommission sprach davon, dass mit einem schlau organisierten Stromsystem, der gezielten (digitalen) Verbindung von Erzeugung und Verbrauch eine neue „Konsumentenhoheit" entstehen könne. Akzeptanz würde sich ergeben, wenn die Menschen sich selbst an der Energiewende vorteilhaft beteiligen können.

Auch bei einer hundertprozentigen Umstellung der Energieversorgung auf erneuerbare Energien bliebe noch ein Rest CO_2-Emissionen. Diese stammen vor allem aus der Zementindustrie, biogenen Prozessen und der Müllverbrennung. Ein gewisser Anteil der CO_2-Emissionen lässt sich durchaus abscheiden und zur Herstellung von kohlenstoffhaltigen Produkten verwenden, wenn dies letztlich einen Kreislauf darstellt (Carbon Capture and Utilization, CCU). Für einen Großteil der CO_2-Emissionen hat die Bundesregierung beschlossen, ein CO_2-Pipelinenetz mit Klimamülldeponien im Meer aufzubauen (Carbon Capture Storage, CCS). Diese Pläne gelten als umweltgefährdend, bei Weitem nicht sicher, zudem energetisch ineffizient und teuer. Es besteht die Gefahr der Verlängerung der Nutzung fossiler Energieträger. (6) Auf der anderen Seite wird kaum an CO_2-gemindertem Beton geforscht.

Die wichtigsten CO_2-Abscheider- und Speicher sind und bleiben die Wälder. Mit weniger Holzeinschlag zur Verfeuerung und vermehrtem Einsatz on Holz als CO_2-Speicher im Bau könnten sie jährlich etwa 50 Millionen Tonnen CO_2 binden. Und das mit Sonnenenergie und den positiven Folgen Grundwasserschutz und Erholung. Es gilt also schnellstens ökologisch, ökonomisch und sozial umzudenken.

Quellen
(1) Fraunhofer Institut für Solare Energiesysteme (ISE) (2021): Wege zu einem klimaneutralen Energiesystem. Die deutsche Energiewende im Kontext gesellschaftlicher Verhaltensweisen. Freiburg.
(2) https://langfristszenarien.de/
(3) www.ewi.uni-koeln.de/de/publikationen/abschaetzung-der-netzausbaukosten-und-die-resultierenden-netzentgelte-fuer-baden-wuerttemberg-und-deutschland-zum-jahr-2045/
(4) www.bund.net/fileadmin/user_upload_bund/publikationen/bund/position/zukunftsfaehige_energieversorgung_position.pdf
(5) www.nachhaltigkeitsrat.de/wp-content/uploads/migration/documents/2011-05-30-abschlussbericht-ethikkommission_property_publicationFile.pdf
(6) Ausführliche CCS Kritik: www.bund.net/klimawandel/ccs/

Was bringt Sie an Ihren emotionalen Kipppunkt?
Bei emotionalen Krisen halte ich es wie Luisa Neubauer: „Ich bin gegen Humor-Embargo".

Zur Autorin
Gabriela Terhorst ist Ökonomin, stellv. Sprecherin des Bundesarbeitskreised Energie im Wissenschaftlichen Beirat des BUND, Mitglied im Beirat der Bundesstelle für Energieeffizienz für den DNR, Mitglied des ZDF-Fernsehrates und ehrenamtliches Mitglied im Magistrat der Stadt Königstein (Ts.).

Kontakt
Gabriela Terhorst
Bund für Umwelt und Naturschutz Deutschland e. V. (BUND)
E-Mail gabriela.terhorst@bund.net

Stabilisierende Lösungen

Alternative Kraftstoffe für den Luft- und Seeverkehr

Unabdingbar, aber keine Allheilmittel

Nachhaltige alternative Kraftstoffe sind der größte Hebel zur Minderung der Emissionen im Luft- und Seeverkehr. Die Politik muss sie konsequenter und vor allem auf globaler Ebene fördern und regulieren. Auch über die Energiesteuerbefreiung von fossilen Flug- und Schiffskraftstoffen sollte sie nachdenken.

Von Nora Wissner

────── Das globale Luft- und Seeverkehrsaufkommen ist in der Öffentlichkeit zumeist nicht so präsent wie das Straßenverkehrsaufkommen. Die Aktivität der beiden Sektoren spielt sich nämlich vor allem abseits besiedelungsdichter Gebiete ab und wird nur an Flughäfen und Häfen sichtbar. Die beiden internationalen Sektoren wirken sich allerdings zunehmend negativ auf uns und unsere Umwelt aus: Luftschadstoffemissionen, Lärm, Gewässerverschmutzung und Klimawirkung. Besonders die Klimawirkung der beiden Sektoren verdient eine nähere Betrachtung, da diese stark mit dem steigenden Verkehrsaufkommen korreliert.
Luft- und Seeverkehr tragen zusammen fünf bis sechs Prozent zu den globalen CO_2-Emissionen bei. Vor der Covid-19-Pandemie stiegen die Emissionen in beiden Sektoren in den letzten Jahrzehnten trotz Energieeffizienzverbesserungen an. Der globale Seeverkehr emittierte 1.056 Millionen Tonnen CO_2 im Jahr 2018, wobei der internationale Seeverkehr hiervon den Großteil ausmacht. (1) Projektionen gehen davon aus, dass die Emissionen ohne weitere Regulierung und Minderungsmaßnahmen bis 2050 um 60 bis 70 Prozent gegenüber heute steigen. Ähnlich sieht

es im Luftverkehrssektor aus. Der globale Luftverkehr hat 905 Millionen Tonnen CO_2-Emissionen im Jahr 2018 verursacht. (2) Auch in diesem Sektor sind die Emissionen in den letzten drei Jahrzehnten im Schnitt gestiegen und es wird ein erheblicher Anstieg der Emissionen bis 2050 erwartet.

Über 90 Prozent der klimarelevanten Emissionen der Schifffahrt sind CO_2-Emissionen. Darüber hinaus werden noch Methan, Lachgas und Rußpartikel ausgestoßen. Im Luftverkehr machen die CO_2-Emissionen nur ein Drittel der gesamten Klimawirkung aus – der Rest resultiert aus sogenannten Nicht-CO_2-Effekten. Sie entstehen durch den Ausstoß von Stickoxiden, Wasserdampf, Ruß, Aerosolen und Sulfataerosolpartikeln. Daraus resultierende Kondensstreifen und Kondensstreifen-Zirren, das heißt Wolken aus Eiskristallen, die von Flugzeugtriebwerken in großen Höhen erzeugt werden können, sind ein wichtiger Faktor hierbei. Obwohl noch Unsicherheiten über die Klimaauswirkungen einiger Nicht-CO_2-Effekte bestehen, ist es wissenschaftlicher Konsens, dass Nicht-CO_2-Effekte die Strahlung erhöhen und damit insgesamt einen Erwärmungseffekt haben. (3)

Die historischen und auch die projizierten Emissionen beider Sektoren sind stark mit der zunehmenden Globalisierung und dem globalen Wirtschaftswachstum gekoppelt. Allerdings sind beide Sektoren auch sehr wichtig für die Mobilität und den Handel. Der Schiffsverkehr ist hier als effizientes Transportmittel für den Frachtverkehr hervorzuheben mit sehr geringen Emissionen pro transportiertem Gut.

Wichtigste Maßnahme: Kraftstoffwechsel

Zur Minderung der Emissionen stehen verschiedene Optionen zur Verfügung. Neben der Reduktion der Nachfrage gibt es verschiedene technische und operationelle Maßnahmen zur Energieeffizienzverbesserung. Im Schiffsverkehr umfasst dies unter anderem die Reduktion der Fahrtgeschwindigkeit, schiffsbauliche Änderungen, Abwärmenutzung, optimierte Routenführung Unterstützung durch Windkraft sowie alternative Kraftstoffe. (4) Neben Energieeffizienzmaßnahmen, können im Luftverkehr für die Minderung der zuvor genannten Nicht-CO_2-Effekte die Flughöhe angepasst oder auch bestimmte Wetterlagen umflogen werden. Die Nutzung alternativer Kraftstoffe stellt allerdings in beiden Sektoren den größten Hebel dar, um die Emissionen zu mindern.

> **„ Weit über 90 Prozent des Kraftstoffverbrauches im See- und Luftverkehr sind fossilen Ursprungs. Bislang finden nachhaltige, alternative Kraftstoffe in beiden Sektoren kaum Verwendung. "**

Im Luftverkehr kommen als alternative Kraftstoffe hauptsächlich synthetische oder biomasse-basierte Versionen des fossilen Kerosins infrage. Synthetisches oder E-Kerosin wird auf Basis von grünem Wasserstoff über das Fischer-Tropsch-Verfahren hergestellt. Die Herstellung von grünem Wasserstoff geschieht mit erneuerbaren Energien und durch Wasserelektrolyse. Beim Fischer-Tropsch-Verfahren wird eine nachhaltige Kohlenstoffquelle genutzt, um das E-Kerosin herzustellen. Wenn Bio-Kerosin aus modernen Biomassequellen (z. B. Abfallstoffe wie tierischen oder pflanzlichen Fetten") gewonnen wird, kann es – ähnlich wie E-Kerosin – einen klimaneutralen Treibstoff für die Luftfahrt darstellen. Der Vorteil von Bio- und E-Kerosin ist zudem, dass diese weniger Aromaten enthalten und somit bei der Verbrennung weniger klimaschädliche Emissionen und Effekte entstehen. Wasserstoffflugzeuge werden zunehmend erforscht, aber in den nächsten Jahrzehnten keine signifikante Rolle für den emissionsreichen Langstreckenverkehr spielen.

Im Seeverkehr wird in Zukunft wahrscheinlich eine größere Bandbreite an Kraftstoffen zum Einsatz kommen, je nach Schiffstyp, -größe und Route. (5) Für kurze Strecken eignen sich der Einsatz von Wasserstoff in Brennstoffzellen oder sogar batterie-elektrische Antriebe. Fortschrittliche Biokraftstoffe werden bei der Dekarbonisierung der Hochseeschifffahrt nur eine untergeordnete Rolle spielen, weil die weltweiten Produktionskapazitäten für wirklich nachhaltige Biokraftstoffe im Vergleich zum weltweiten Kraftstoffverbrauch der Schifffahrt begrenzt sind. Daher wird im Seeverkehrssektor vor allem über bio-basiertes und synthetisches Methanol und Ammoniak diskutiert. Sie bieten eine höhere Energiedichte als Wasserstoff, die für die Hochseeschifffahrt unerlässlich ist. Es gibt auch bereits erste Schiffe, die mit Methanol betrieben werden.

Ammoniak ist ein kohlenstofffreier Energieträger. Allerdings kann die Verbrennung von Ammoniak zu Lachgasemissionen führen. Es gibt motortechnische Möglichkeiten, diese zu mindern, allerdings fehlt es bisher an einer transparenten, breiten Datenbasis zur Ammoniakverbrennung. Das liegt vor allem daran, dass Ammoniakmotoren in der Schifffahrt noch nicht kommerziell verfügbar sind (erwartet in 2025). Zudem ist Ammoniak für Menschen und die marine Fauna toxisch. Nichtsdestotrotz wurden bereits viele Schiffe bestellt, die zukünftig auch Ammoniak verbrennen können (vor allem Schiffe, die Ammoniak als Ware transportieren).

Methanol ist weniger toxisch und einfacher händelbar als Ammoniak. Es ist zwar ein kohlenstoffbasierter Energieträger, kann aber (wie E-Kerosin) ein klimaneutraler Kraftstoff sein, wenn grüner Wasserstoff und eine nachhaltige Kohlenstoffquelle bei der Herstellung genutzt werden. Zudem findet Methanol bereits jetzt erste Anwendungen im Seeverkehr und es werden voraussichtlich viele der neugeorderten Schiffe fähig sein, Methanol zu verbrennen. Denn viele Neubauten besitzen sogenante „Dual-fuel"-Motoren, die je nach Angebot fossiles Schweröl oder einen neuartigen Kraftstoff (wie Flüssigerdgas oder Methanol) verbrennen können. Bislang finden nachhaltige, alternative Kraftstoffe in beiden Sektoren jedoch kaum Verwendung. Weit über 90 Prozent des Kraftstoffverbrauches im See- und Luftverkehr sind fossilen Ursprungs. Die Produktion von nachhaltigen Biokraftstoffen ist bisher sehr gering und nicht so skalierbar, wie es bei synthetischen Kraftstoffen der Fall ist. Letztere benötigen jedoch einen immensen Ausbau der erneuerbaren Stromproduktion. Die Produktion synthetischer Kraftstoffe steckt auch noch in den Kinderschuhen.

Mehr politischen Ehrgeiz entfalten

Die Klimawirkungen des Luft- und Seeverkehrs sind bisher kaum reguliert. Auf globaler Ebene arbeiten die Internationale Seeschifffahrtsorganisation (IMO) und die Internationale Zivilluftfahrtsorganisation (ICAO) an politischen Maßnahmen zur Reduktion von Emissionen in beiden Sektoren. Beide Organisationen haben sich zum Ziel gesetzt, bis etwa 2050 Netto-Null-Emissionen in ihren Sektoren zu erreichen. Es bestehen mehrere Politikmaßnahmen zur Energieeffizienzsteigerung von Schiffen, aber Maßnahmen zur Bepreisung von Emissionen und zur dezidierten Anreizung von alternativen Kraftstoffen werden noch diskutiert. Auf globaler Ebene gibt es für den Luftverkehr bisher nur ein Instrument, das die Emissionen gegenüber dem Vergleichsjahr 2019 mindern und einen Anreiz für die Nutzung alternativer Kraftstoffe geben soll: das CORSIA-Programm (Carbon Offsetting and Reduction Scheme for International Aviation, Kohlenstoffausgleichs- und -reduzierungssystem für den internationalen Luftverkehr). Es ist aber schwach ausgestaltet und läuft nur bis 2035. Derweil geht die Europäische Union mit eigenen Regulierungen voran, um ihr Klimaneutralitätsziel 2050 zu erreichen. Dazu gehören die Bepreisung von Emissionen in beiden Sektoren, Quoten für die Nutzung von Bio- bzw- E-Kerosin, die Einführung eines Standards für die Energienutzung an Bord von Schiffen sowie strengere Emissionsstandards und Förderprogramme für alternativen Kraftstoffe.

Für die beiden, internationalen Sektoren braucht es jedoch idealerweise auch globale Politikmaßnahmen, um die Nutzung alternativer Kraftstoffe voranzubringen. Die Verhandlungen bei der IMO und ICAO müssen nun zügig vorangehen, damit sie bis 2050 noch ausreichend Wirkung entfalten können. Solange kann die EU eine Vorreiterrolle annehmen und sollte die bestehenden und neuen Instrumente ambitioniert ausgestalten und beibehalten, solange es auf globaler Ebene keine ausreichenden Maßnahmen gibt.

Keine Angst vor heißen Eisen haben

Die Energiesteuerbefreiung von fossilen Flug- und Schiffskraftstoffen ist ein ungelöstes Problem. Während die Revision der EU-Energiesteuerrichtlinie noch verhandelt wird und der Ausgang ungewiss ist, könnten und sollten gleichgesinnte Länder die Besteuerung dieser Kraftstoffe durch bilaterale Abkommen vorantreiben. So ließe sich ein weiterer Anreiz für die Nutzung von alternativen Kraftstoffen kreieren. Die Emissionen der Sektoren sind in hohem Maße vom Wirtschaftswachstum und Reiseverhalten und von Verbrauchsmustern abhängig. Bemühungen um Alternativen zu Flugreisen (z. B. Züge) und um eine Änderung des Bildes von Flugreisen können neben dem Einsatz von alternativen Kraftstoffen zu weiteren Emissionssenkungen führen. Abschließend ist auch zu erwähnen, dass (klimaneutrale) alternative Kraftstoffe kein Allheilmittel für die Klimawirkung der beiden Sektoren sind. Nicht-CO_2 Effekte lassen sich – gerade im Luftverkehr – durch diese nicht vollständig mindern. Es sollten noch zusätzliche und ergänzende Regulierungsmaßnahmen ergriffen werden, zum Beispiel durch die Regulierung der Treibstoffqualität von Flugkraftstoffen und die Förderung von Flugrouten, die Kondensstreifen vermeiden. Erste Schritte werden nun auf EU-Ebene gegangen, indem überhaupt einmal ein Monitoring- und eine Berichterstattungspflicht dieser Emissionen beziehungsweise Effekte eingeführt wird.

Quellen
(1) https://docs.imo.org/Shared/Download.aspx?did=125134
(2) www.oeko.de/en/publications/policy-brief-aviation-in-the-eu-climate-policy/
(3) www.oeko.de/fileadmin/oekodoc/Options-for-regulating-the-climate-impacts-of-aviation.pdf
(4) www.oeko.de/publikation/policy-brief-maritime-transport-in-the-eu-climate-policy/
(5) https://www.umweltbundesamt.de/publikationen/in-depth-analysis-1-future-fuels

Was bringt Sie an Ihren emotionalen Kipppunkt?
Die Auswirkungen des Klimawandels auf marine Ökosysteme zu sehen, z. B. auf Walrosse in der Arktis.

Zur Autorin
Nora Wissner studierte Umweltwissenschaften und Klimawandel. Sie ist wiss. Mitarbeiterin am Öko-Institut und beschäftigt sich neben dem Thema Klimaschutz im Luft- und Seeverkehr mit Umwelt- und Sozialwirkungen im freiwilligen Kohlenstoffmarkt. Zuvor arbeitete sie bei einem Großmotorenverband zur maritimen Energiewende.

Kontakt
Nora Wissner
Öko-Institut e. V.
Email n.wissner@oeko.de

Impulse

Projekte und Konzepte

GlobalTip-Forschungsprojekte
Kipppunkte besser verstehen
Wenn der Amazonas-Regenwald weiter schrumpft, wirkt sich das auf die Ökosystemleistung in Südamerika aus, die Folgen sind aber auf dem gesamten Globus zu spüren (vgl. S. 55 ff.). Denn weniger Bäume nehmen weniger CO_2 auf, setzen sogar das Treibhausgas frei. Damit befeuern Wälder den Klimawandel, der wiederum auch eine Ursache für ihr Umkippen ist. Der britische Klimatologe Timothy Lenton warnte vor „abrupten systemweiten und manchmal irreversiblen Veränderungen", die durch sogenannte Kipppunkte im Erdsystem ausgelöst werden. Auch schmelzende Polkappen durch die Erderhitzung, Übernutzung der Böden oder überfischte Meere bringen die Ökosysteme immer weiter an ihre Grenzen.

Um diesen Teufelskreis zu durchbrechen, fördert das Bundesministerium für Bildung und Forschung (BMBF) Projekte, die Konzepte zum Schutz der Ökosysteme erarbeiten. Ende 2023 startete die internationalen Fördermaßnahme „Kipppunkte, Dynamik und Wechselwirkungen von sozialen und ökologischen Systemen" in die zweite Forschungsphase GlobalTip. Ziel ist, konkrete Maßnahmen zu entwickeln, um Kipppunkte zu verhindern. Die Wissenschaftler*innen erstellen zudem Handlungs- und Anpassungsstrategien, die den negativen Folgen menschlichen Wirtschaftens auf die Ökosysteme entgegenwirken. Diese Strategien werden gemeinsam mit Menschen vor Ort entwickelt, die auf die Ökosysteme als direkte Lebensgrundlage angewiesen sind.

Bereits in der ersten Forschungsphase BioTip (2017-2023) der BMBF-Förderung konnten die Projektmitarbeiter*innen wichtige Erkenntnisse zur Entstehung von Kipppunkten an Land und im Meer gewinnen. In Trockengebieten Namibias forschten deutsche und namibische Wissenschaftler*innen beispielsweise zu sogenannten Desertifikationskipppunkten. Das ist der Moment, in dem der Boden unumkehrbar unproduktiv wird, also weder keimfähige Samen in sich trägt noch fruchtbar genug ist, dass neue Pflanzen darauf wachsen können. Damit die namibischen Bäuerinnen und Bauern nicht ihre Existenzgrundlage verlieren, empfahl das Team des Projekts NamTip etwa die Wiedereinsaat auf Weideflächen. Die Nachsaat mehrjähriger Gräser sowie das Einhalten von Ruhepausen bei der Nutzung der Böden tragen dazu bei, dass es auch in der Trockenzeit Futter für die Weidetiere gibt. Zudem könnte ein nachhaltiges Weidemanagement helfen, »gekippte« Landflächen wiederherzustellen.

Im Projekt marEEchange wiesen die Forscher*innen einen Kipppunkt in der westlichen Ostsee nach. Der Vergleich mit historischen Fischereidaten ergab, dass der Dorschbestand hier aufgrund jahrzehntelanger Überfischung und der Erwärmung des Wassers durch den Klimawandel zusammengebrochen ist. Das Projektteam hält es für unwahrscheinlich, dass sich der Bestand wieder erholt, und empfiehlt, den Trend der Überfischung in dieser Region umzukehren und eine nachhaltig gestaltete Fischerei anzustreben.

Weitere Forschungsregionen der GlobalTip-Projekte sind der Amazonas-Regenwald, die mongolische Steppe sowie das Humboldtstrom-Auftriebssystem in Peru und der Viktoriasee in Afrika. Das BMBF förderte die erste Forschungsphase BioTip mit rund 20 Millionen Euro. Für die zweite Forschungsphase GlobalTip stellt es bis 2025 rund 13 Millionen Euro Fördermittel zur Verfügung. (mb)

www.fona.de/de/kipppunkte-verstehen-erkennen-und-vermeiden-start-von-globaltip
https://biotip.org/

Klimaforschung an den Polen
Den Horizont erweitern
Die Eiskappen am Nord- und Südpol schmelzen aufgrund der Erderhitzung – mit enormen Folgen für die Meereswelt der Arktis und Antarktis (vgl. S. 48 ff.). Steigt der Meeresspiegel, werden lokale Ökosysteme gestört, die biologische Vielfalt schwindet, invasive Arten siedeln sich an. Von Alaska bis Zypern werden weltweit Millionen Menschen, die in Küstenregionen leben, ihre Heimat verlassen müssen. Um in Zukunft die Entwicklung der arktischen Eisschmelze besser vorherzusagen, finanziert die EU über das Forschungsprogramm Horizon 2020 deshalb Projekte zu Kipppunkten in den Polarregionen. Zum Beispiel untersuchen Wissenschaftler*innen im Projekt ECOTIP das Meer rund um Grönland, um die kaskadenartigen Auswirkungen des Klimawandels auf die biologische Vielfalt der Arktis und auf die Ökosystemleistungen in der Region zu erklären. Dazu gilt es herauszufinden, „wie sich die Produktivität der Fischerei verändern wird oder wie viel CO_2 künftig über biologische Prozesse im Meer aufgenommen und gebunden wird", sagt die Projektkoordinatorin von ECOTIP Marja Koski. Für das Projekt war es wichtig, die Bevölkerung Grönlands einzubeziehen, und so ist viel lokales Umweltwissen in die Ergebnisse eingeflossen. Die Forschungsdaten von den Küsten Grönlands wurden mit historischen Aufzeichnungen und prähistorischen Sedimentdaten kombiniert. Auf dieser Grundlage entwarf das ECOTIP-Team Modelle, um Mechanismen und Konsequenzen von Umweltveränderungen zu bestimmen – zum Beispiel, wie leichte Veränderungen der Umwelt zu Kipppunkten in einem Ökosystem führen können. Diese Erkenntnisse müssen nun noch verifiziert werden.

Eine Analyse ergab, dass neue Fisch- und Walarten sich aus dem Süden nach Ostgrönland ausbreiten, während mit Eis assoziierte Säugetiere, zum Beispiel Walrosse und Narwale, sich in den Norden zurückzogen. Zur biologischen Kohlenstoffpumpe – einem Zusammenspiel biologischer Prozesse, mit dem der Atmosphäre CO_2 entzogen wird – fanden die Forscher*innen heraus, dass vor allem großes Zooplankton und Fische weltweit sehr bedeutend für die Entnahme und Bindung von CO_2 sind.

Thema des Projekts TiPACCS ist der Eisverlust am Südpol. Das Ziel ist, mit neuen Klimamodellen den künftigen Eisschwund in der Antarktis genauer vorherzusagen und die möglichen Auswirkungen auf den Anstieg des Meeresspiegels zu bewerten. Der antarktische Eisschild fasst über 60 Prozent des Süßwassers der Welt und erstreckt sich über eine Fläche, die fast doppelt so groß ist wie Australien. Auch hier lässt die Schmelze infolge der Erderhitzung den Spiegel der Weltmeere ansteigen. Als besonders gefährdet gilt die Westantarktis, weil dort warmes Ozeanwasser das Eis erreichen kann – andere Teile der Antarktis sind durch kältere Küstengewässer geschützt. Die Forscher*innen kombinierten numerische Modelle zur Beschreibung des Ozeans mit welchen zur Simulation des Eisschilds. So gelang es dem Team zu ermitteln, wie ein »Umschalten« der Meere, die die Antarktis umgeben, von einem kalten auf einen warmen Zustand erfolgen könnte. Die gekoppelten Modelle ergaben übereinstimmend, dass der heutige antarktische Eisschild wahrscheinlich noch nicht den Kipppunkt überschritten hat. (mb)

https://cordis.europa.eu/article/id/450826-exploring-tipping-points-in-the-arctic-ocean/de
https://cordis.europa.eu/article/id/450831-identifying-ice-loss-tipping-points-in-antarctica/de

Wirtschaftszone Meer
Kippt die Nordsee?
Die Nordsee gehört zu den am intensivsten genutzten Meeren der Welt. Seit Langem ist das Randmeer des Atlantiks ein großer Energielieferant Europas. Über Jahrzehnte waren es Erdöl und Erdgas, seit einiger Zeit ist es Offshore-Windenergie, die Strom erzeugt. Hinzu kommen die Funktion der Nordsee als wichtiger Handelsweg für Mittel- und Nordeuropa sowie die Fischerei, Landwirtschaft und der Tourismus. Durch all diese menschlichen Aktivitäten und die Folgen des ebenfalls menschengemachten Klimawandels gerät das Meer immer mehr unter Druck (vgl. S. 81 ff.). Plötzliche Veränderungen in dem komplexen sozio-ökologischen System (SÖS) können weitreichende Folgen für Natur und Mensch haben.

Welche Faktoren und Wechselwirkungen dafür verantwortlich sind, ein solches SÖS anfällig gegenüber Kipppunkten zu machen, erkundete ein Forschungsteam bis Ende 2023. Das Projekt SeaUseTip unter Federführung des Thünen Instituts für Seefischerei untersuchte dafür die ökologischen, ökonomischen und sozio-kulturellen Teilsysteme in ihrer Wechselwirkung. Die Leitfrage war: Welche Mechanismen führen zu Kipppunkten in der Zusammensetzung der Nordseefischgemeinschaft? Am Beispiel der deutschen ausschließlichen Wirtschaftszone (AWZ) in der südlichen Nordsee deckte das SeaUseTip-Team Schwachstellen der unterschiedlichen Teilsysteme auf. Im Mittelpunkt stand dabei die Fischerei.

Ziel des Projekts war es, Strategien und Werkzeuge zu erarbeiten, die helfen, die Widerstandsfähigkeit des SÖS gegenüber plötzlichen Veränderungen im Ökosystem zu erhöhen und die Risiken zu minimieren, dass Kipppunkte überschritten werden. In Kooperation mit Interessenvertreter*innen aus Fischerei, Politik, Behörden, Energiewirtschaft und Naturschutz wollten die Forschenden maßgeschneiderte Lösungen im Sinne einer nachhaltigen Ressourcennutzung finden. Ein wichtiges Ergebnis der Untersuchung: Flächenverluste durch Windparks und Meeresschutzgebiete sowie der Klimawandel haben den größten Einfluss auf die Fischerei. Die Wissenschaftler*innen stellten zudem eine abrupte Veränderung der ökologischen Artengemeinschaft im Jahr 2003 fest. Bis dahin dominierten Kabeljau, Dinoflagellaten, die einen Hauptteil des Phytoplanktons bilden, und Codepoden, also Ruderfußkrebse, die Zusammensetzung der Arten, danach waren es Seelachs, Scholle, Sprotte und Kieselalgen.

Weitere räumliche Einschränkungen könnten zu einer Verlagerung und Verdichtung der Fischerei in andere Gebiete führen – mit womöglich negativen Folgen für die Wirtschaftlichkeit und die Ökosysteme. Der Fischereisektor gilt als nur begrenzt anpassungsfähig, auch weil die Fischer selten in politische Entscheidungsprozesse eingebunden sind. Als Lösungsansätze schlägt das Projektteam von SeaUseTip vor, den Fischern Planungssicherheit zu geben, in welchen Gebieten sie künftig fischen können. Werden Fischereiquoten festgelegt, ist zu begründen, dass dies nötig ist, damit die Fischbestände nicht kollabieren.

Das Projekt wurde im Rahmen des internationalen und interdisziplinären Förderprogramms „Kipppunkte, Dynamik und Wechselwirkungen von sozialen und ökologischen Systemen (BioTip)" des Bundesministeriums für Bildung und Forschung (BMBF) gefördert. (mb)

www.thuenen.de/de/fachinstitute/seefischerei/projekte/kipppunkte-im-sozio-oekologischen-system-der-nordsee-seausetip-hauptphase

Planetare Gesundheit
Patient Erde braucht Therapie
„Die Vitalwerte unseres Planeten blinken rot." Diese Warnung steht auf der Startseite der Initiative Planetary Health Check (Planetarer Gesundheitscheck). Sie veranlasste Forscher*innen unter Federführung des Potsdam-Instituts für Klimafolgenforschung (PIK) 2023 Planetary Boundaries Science (Wissenschaft der Planetaren Grenzen), eine internationale wissenschaftliche Partnerschaft, zu gründen. Ziel ist, die Erde regelmäßig einer Unter-

suchung zu unterziehen, die Ergebnisse zu veröffentlichen und jährlich zu aktualisieren. Auf der Grundlage wissenschaftlicher Veröffentlichungen wurde der Planetary Health Check 2024 konzipiert und zusammengestellt.

Er zeigt, dass sechs von neun planetaren Grenzen bereits überschritten sind. Das Überschreiten einer siebten Grenze stehe unmittelbar bevor. Planetare Grenzen sind ökologische Grenzen der Erde, deren Überschreitung die Stabilität des Ökosystems der Erde und damit die Menschheit gefährdet. Das Konzept definiert quantitative Grenzen für neun Teilbereiche der menschlichen Zivilisation, die eingehalten werden müssen, damit die Lebensgrundlagen erhalten bleiben. Dazu gehören Klimawandel, Biosphäre, Süßwasser, Landnutzung, Biogeochemische Stoffkreisläufe, Neuartige Substanzen, Luftverschmutzung, Ozeanversauerung, Ozonschicht (vgl. S. 28 ff.) Neben dem Stopp der Erderhitzung gilt eine gesunde Biosphäre als grundlegend wichtig für den Erhalt der menschlichen Existenz und des Planeten. Die Grenze, in der Biodiversität noch funktioniert, ist jedoch bereits überschritten, heißt es im Gesundheitscheck.

Mit dem Planetaren Gesundheitscheck wollen die Forscher*innen Akteure in Politik und Gesellschaft befähigen, zu handeln und Pläne zu erstellen, um schädliche Entwicklungen zu stoppen, den Kurs zu ändern und Kipppunkte zu vermeiden. Nur so könne in Zukunft ein sicherer Lebensraum für Menschen, Tiere und Pflanzen erhalten werden. Denn „der Planet verändert sich schneller, als wir erwartet hatten. Es kommt zu abrupten Veränderungen, die weit über die realistischen Erwartungen der Wissenschaft hinausgehen", sagt Johan Rockström, Direktor des PIK. Er hofft, dass politische Entscheidungsträger*innen, Wirtschaftsführer*innen, Medien und die breite Öffentlichkeit den Planetaren Gesundheitscheck nutzen, um den Status und die neuesten wissenschaftlichen Erkenntnisse über den Zustand unseres Planeten zu verstehen. (mb)

www.planetaryhealthcheck.org/storyblokcdn/f/301438/x/a4efc3f6d5/planetaryhealthcheck2024_report.pdf

Konsequenzen der Klimakrise
Dominoeffekt auf Ökosysteme und Gesellschaft
Der fortschreitende Klimawandel löst Kettenreaktionen aus, die nicht nur Folgen für die einzelnen Komponenten des Erdsystems, etwa die Eisschilde (vgl. S. 48 ff.) oder Korallenriffe, haben. Die Folgen solcher sich selbst verstärkenden Prozesse auf der Erde können auch gesellschaftliche Konflikte und Krisen fördern. (vgl. S. 36 ff.). In einer Publikation des Umweltbundesamts zeigen die Autor*innen auf, wie es durch die Wechselwirkung zwischen sogenannten Kippelementen zu unumkehrbaren Veränderungen in den Ökosystemen und sozialen Gefügen kommen kann. Im Mittelpunkt der Analyse stehen

der Grönländische und Westantarktische Eisschild, der Amazonas-Regenwald, die Ozeanische Zirkulation im Nordatlantik und Korallenriffe. Gerät beispielsweise die Atlantische Ozeanzirkulation aus dem Gleichgewicht, hätte das enorme Änderungen in den Meeresoberflächentemperaturen zur Folge, die wiederum die Atmosphäre sowie die globale Verteilung des Meereises und der Niederschläge beeinflussen. Dadurch würden auch die Durchschnittstemperaturen auf der Nordhalbkugel, insbesondere in Europa, deutlich sinken.

Kippt ein Element des Erdsystems, löst dies durch die starke Vernetzung der Elemente eine dynamische Reaktion aus. Das sogenannte Konzept der Kippkaskaden beschreibt die Wucht oft unvorhergesehener klimatischer und ökologischer Konsequenzen der Erderhitzung (vgl. S. 20 ff.). Deshalb mahnen die Wissenschaftler*innen der Studie dringenden politischen Handlungsbedarf an. Denn bisherige Klimaschutzmaßnahmen reichen aus ihrer Sicht nicht aus, das Überschreiten der kritischen Kipppunkte zu verhindern. Sie verweisen auf das im Pariser Klimaabkommen festgelegte Ziel, die Erderwärmung auf 1,5 Grad Celsius zu begrenzen. Darüber hinaus empfehlen sie unter anderem, CO_2 aus der Atmosphäre zu entnehmen, auch wenn diese Maßnahme in der Umweltbewegung umstritten ist. Denn bereits beim derzeitigen Niveau der Erderhitzung sind längst Grenzen der Anpassung für Mensch und Ökosysteme erreicht.

Werden weiterhin kritische Schwellenwerte überschritten, kommt es voraussichtlich zu Konflikten um Ressourcen und Wasser, zur Unbewohnbarkeit zahlreicher Regionen und der Gefährdung der Ernährungssicherheit weltweit. Hunderte Millionen Menschen wären davon betroffen. Weil dies auch sicherheitspolitische Konsequenzen hätte, plädieren die Autor*innen des Berichts dafür, die Risiken des Klimawandels nicht nur bei Klimakonferenzen, sondern auch in anderen Gremien der Vereinten Nationen sowie den wirtschaftlichen Zusammenschlüssen G7 oder G20 zu verhandeln. (mb)

www.umweltbundesamt.de/publikationen/kipppunkte-kaskadische-kippdynamiken-im-klimasystem

Klima auf der Kippe
Dem Klimawandel ins Auge schauen
Mit dem Greenpeace Projekt „Grad.jetzt" wollen der Naturfotograf Markus Mauthe und die Journalistin Louisa Schneider globale Kipppunkte und deren Auswirkungen sichtbar machen und anschaulich darstellen. Dafür haben sie sich auf die Reise rund um den Erdball gemacht, um die Natur und Ökosysteme auf verschiedenen Kontinenten in Bild und Ton zu zeigen. Sie geben Einblick, wie schön die Natur ist, weisen aber auch darauf hin, dass sie bedroht ist.

Zu den Reisezielen der beiden Klima-Aktivist*innen gehören Amazonien, Bangladesch, Senegal, Kanada, Alaska, Grönland, der arktische Ozean und der Pazifik. Sie informieren über die Hintergründe und Wechselwirkungen von Kippelementen und beschreiben, welche Folgen der Verlust der biologischen Vielfalt für das Leben auf der Erde hat. Das Projektteam dabei lässt Menschen zu Wort kommen, die konkret von Problemen der Klimakrise betroffen sind, zum Beispiel Indigene am Amazonas oder Bewohner*innen der Küstenregionen am Pazifik. Aber nicht nur die negativen Folgen werden präsentiert, sondern auch konstruktive Lösungsansätze. Grad.jetzt stellt Projekte vor, in denen Menschen aktiv an der Rettung der Ökosysteme arbeiten.

In Senegal sind beispielsweise Ackerbau und Viehzucht akut gefährdet, weil der Monsun in der Sahelzone später einsetzt und schwächer ausfällt. Für die Bevölkerung dieser Region, die überwiegend von der Landwirtschaft lebt, ist das existenzbedrohend. Die Initiative Große Grüne Mauer der Sahara und des Sahel verfolgt das Ziel, die Effekte des Klimawandels und der Desertifikation zu bekämpfen. Die Initiative wird von der Afrikanischen Union geführt. Um grüne und produktive Landschaften zu erhalten, sollen etwa ausgelaugte Böden wiederhergestellt und Flächen aufgeforstet werden.

Brandrodung und Abholzung im Amazonas-Regenwald haben Auswirkungen auf das Klima weltweit und die Zerstörung dort gilt als Kipppunkt. Aber auch die nördlichen borealen Wälder in der kaltgemäßigten Klimazone sind stark vom Rückgang bedroht. Noch stellen sie ein Drittel der Waldflächen der Erde dar. Aufgrund der Klimakrise gibt es in der Taiga aber immer mehr Waldbrände. Zudem dezimiert Kahlschlag durch die Holzindustrie die borealen Wälder. Setzt sich diese Entwicklung ungebremst fort, kippt das Ökosystem und wird von Busch- und Graslandflächen verdrängt.

Das Team von Grad.jetzt ist davon überzeugt, dass die Menschheit etwas tun kann, um die biologische Vielfalt zu schützen und zu erhalten. Sein Appell: „Hinschauen, verstehen, handeln". (mb)

www.greenpeace.de/biodiversitaet/artenkrise/gradjetzt-klima-oekosysteme-kippen
grad.jetzt

Informationsportale der Klimawissenschaft
Durch Überhitzung kollabiert der Planet
Bereits kleine zusätzliche Beeinträchtigungen können einzelne Elemente des Klimasystems zum Umkippen bringen – ähnlich wie bei einem Wasserglas, das auf einer schiefen Tischplatte steht. Gerät die Platte immer mehr in Schräglage, genügt eine minimale Erschütterung, und das Glas fällt um. Auf welche Kipppunkte steuern wir derzeit zu? Was würde das für das Leben auf der Erde bedeuten? Und was ist dagegen zu tun? – Mit diesen Fragen beschäftigt sich die Klimawissenschaft weltweit seit Anfang der 2000er-Jahre und seitdem

hat die Kippelementeforschung große Fortschritte gemacht. Einige Thesen sind wieder verworfen worden oder gelten als so unsicher, dass sie nicht mehr veröffentlicht werden. So zählt etwa die plötzliche Ausweitung des Ozonlochs in der Arktis nicht mehr zu den Kippelementen, die Verschiebung des indischen Sommermonsuns ist so strittig, dass sie ebenfalls nicht mehr als Kippelement definiert wird.

Die Infothek des Potsdam-Instituts für Klimafolgenforschung (PIK) und die Helmholtz-Klima-Initiative präsentieren den aktuellen Forschungsstand auf ihren jeweiligen Homepages mit verständlichen Botschaften und anschaulichen Grafiken für eine interessierte Öffentlichkeit. Nutzer*innen der PIK-Infothek können sich beispielsweise über den Zustand borealer Permafrostböden oder einstmals bunter Korallenriffe schlau machen, indem sie auf einen der grauen Balken klicken, hinter denen sich Informationen über das jeweilige Element des Ökosystems verbergen. Die Balken sind zudem mit Piktogrammen versehen, die zum Beispiel Kern-Kippelemente symbolisieren, visualisiert durch eine Erdkugel. Icons mit Warnleuchten, die rot, orange oder gelb blinken oder neutral sind, signalisieren, wie nah der Schwellenwert für das wahrscheinliche Kippen an der aktuell beobachteten globalen Erwärmung liegt. Symbole, auf denen Köpfe mit Ausrufe- oder Fragezeichen abgebildet sind, stehen dafür, wie das Forschungsteam um den Klima-Biosphären-Wissenschaftler Armstrong McKay in seiner Untersuchung von 2022 die wissenschaftliche Sicherheit der Aussagen über die Schwellenwerte der Temperaturen einschätzt.

Die Helmholtz-Gemeinschaft stellt seit 2019 über die Helmholtz-Klima-Initiative das von ihr erarbeitete Klimawissen Politik, Wirtschaft und Medien sowie der Öffentlichkeit zur Verfügung. Die Kommunikationsexpert*innen bereiten Forschungsergebnisse zielgruppenspezifisch auf und treten aktiv in Dialog mit Interessierten. Zu den Kommunikationsformaten gehören neben Texten unter anderem Infografiken, Videos oder Scrollytelling, also das Verweben von Bild-, Ton-, Video- und Textmaterial zu einer interaktiven Geschichte. Per Mausklick lässt sich zum Beispiel durch eine multimediale Reportage über das CO_2-Budget und Möglichkeiten, den Klimawandel zu begrenzen, scrollen. Neben Texten und Fotos werden hier auch Töne und bewegte Bilder eingesetzt.

Auf der Website der Helmholtz-Klima-Initiative gibt es übersichtliche Darstellungen zu Klimawissen, speziell auch zu Kippelementen im Klimasystem. Die Folgen der Klimakrise sind verknüpft mit einer weiteren großen Umweltkrise, nämlich dem Verlust der biologischen Vielfalt. Auf diesen Zusammenhang verweist Josef Settele vom Helmholtz-Zentrum für Umweltforschung (UfZ). Pflanzen, Tiere und andere Lebewesen der Erde halten gemeinsam wichtige globale Kreisläufe aufrecht, die auch die Grundlage für menschliches Leben sind. Brechen solche Kreisläufe zusammen, weil zu viele Arten ausgestorben sind, ist es womöglich zu spät, den Teufelskreis aufzuhalten. Umkehren lassen sich die Veränderungen auch nicht, denn ein gekipptes System ist unwiederbringlich verloren.

In Deutschland hat die Zerstörung von Wäldern dazu geführt, dass diese von einer Kohlenstoffsenke zur Kohlenstoffquelle wurden. Das ergab die Bundeswaldinventur 2024. Noch ist es möglich, eine naturnähere Bewirtschaftung oder ein konsequentes Kahlschlagverbot gesetzlich zu regeln, und damit ein komplettes Kippen des Ökosystems Wald zu verhindern. (mb)

www.pik-potsdam.de/de/produkte/infothek/kippelemente/kippelemente
www.helmholtz-klima.de/aktuelles/kippelemente-im-klimasystem
www.helmholtz-klima.de/ueber-uns/helmholtz-klima-initiative

politische ökologie

Für alle, die weiter denken.

/// oekom

Liebe Leser*innen, liebe Abonnent*innen,

wir danken Ihnen für Ihr Interesse an unserer Reihe und Ihre Treue. Und wir freuen uns darauf, Ihnen auch 2025 wieder spannendes Out-of-the-Box-Denken in Sachen Zukunftsfähigkeit zu präsentieren!

Frohe Weihnachten und einen guten Start ins neue Jahr wünschen

die Redaktion der *politischen ökologie* und der oekom verlag

Anke Oxenfarth, Jacob Radloff

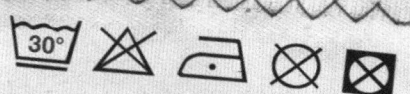

100% Nachhaltigkeit

Umweltorganisationen:
Krise und Lernprozesse

Atomkraft:
Gefährliche Illusionen

Finanzwirtschaft:
Nur grün reicht nicht

SPEKTRUM NACHHALTIGKEIT

Die Debatte über die Zukunft ist komplex und vielschichtig. Das Spektrum Nachhaltigkeit behandelt deshalb wichtige Fragen der umweltpolitischen Diskussion facettenreich und unabhängig vom Schwerpunktthema. – Viel Vergnügen beim Blick über den Tellerrand!

Spektrum Nachhaltigkeit

Wie Umweltorganisationen lernen, sich neu zu justieren

Krise als Katalysator

Von Michael Zschiesche und Franziska Sperfeld

Traditionell füllen Umweltorganisationen Rollen aus, die sich über die Jahrzehnte ausgeweitet haben. Neben ihren klassischen Rollen als »Watchdog« und Kontrollinstanz, die das Vollzugsdefizit im Umwelt- und Klimaschutz anprangern, setzen Umweltorganisationen seit Jahren auch Themen (Agenda-Setting), mobilisieren für Proteste, moderieren gesellschaftliche Debatten, treten als Innovatoren auf und agieren wie politische Lobbyorganisationen. Einzelne Organisationen fokussieren darüber hinaus stark auf Kooperationen mit Unternehmen, die darauf abzielen, Konsument*innen zu beeinflussen. Allen Rollenzuschreibungen ist gemein, dass sie an die hohen Glaubwürdigkeits- und Ansehenswerte der Umweltorganisationen in der Gesellschaft anknüpfen.

Die Entwicklung und Auffächerung der Rollenmodi ging seit Beginn der 1990er-Jahre trotz unterschiedlicher Konjunkturen für das Thema Umweltschutz mit einem starken strukturellen Aufbau von Ressourcen und Strukturen insbesondere in den großen Umwelt-NGOs wie Greenpeace, WWF, Naturschutzbund Deutschland (NABU) und Bund für Umwelt und Naturschutz Deutschland (BUND), aber auch der Deutschen Umwelthilfe (DUH) einher. Kennzeichen dieser Entwicklung sind unter anderem nahezu ununterbrochen gewachsene Budgets, entsprechend große Personalstämme und hohe Mitglieder- und Fördererzahlen. So hatte der WWF Deutschland im Jahr 2023 ein Budget von 125 Millionen Euro zur Verfügung, was etwa 20 Millionen Euro mehr als 2020 war. Der WWF und Greenpeace Deutschland beschäftigten 2023 jeweils mehr als 400 Mitarbeiter*innen. Der NABU hatte Ende 2022 rund 830.000 Mitglieder und etwa 81.000 Fördernde und war damit der mitgliederstärkste Umweltverband in Deutschland. Der BUND liegt mit 675.000 Mitgliedern und Spender*innen Ende 2022 dicht dahinter. Auch Greenpeace Deutschland kann mit 621.000 Fördermitgliedern weiterhin auf ein starkes Fundament unabhängiger Finanzierung setzen. Zum Vergleich: Allein der NABU weist gegenwärtig mehr Mitglieder auf als die beiden mitgliederstärksten Parteien SPD und CDU (je ca. 400.000) zusammen! Gegenüber den vier großen Umweltorganisationen nehmen sich die circa 18.000 Fördermitglieder der DUH (Stand 2024) fast bescheiden aus. Jedoch gilt hier zu bedenken, dass die DUH überhaupt erst seit wenigen Jahren auf Förderer setzt und seitdem sehr hohe jährliche Wachstumsraten erzielen konnte. Das Budget der DUH betrug 2024 etwa 20 Millionen Euro bei etwa 200 Mitarbeiter*innen und einer weiterhin hohen Wachstumsdynamik.

Weiteres wichtiges Strukturierungsmerkmal der großen mitgliederbasierten Umweltverbände BUND und NABU ist das Engagement in der Fläche – die Aktiven vor Ort. Klassischerweise arbeiten BUND und NABU als Ehrenamtsorganisationen. Der BUND gibt in seinem Jahresbericht 2022 an, dass circa 2.000 Orts- und Kreisgruppen unter BUND-Flagge aktiv sind. Beim NABU sind es ebenso viele Gruppen, zusätzlich wird eine Zahl von 70.000 Aktiven genannt. Greenpeace hat sein ehrenamtliches Engagement demgegenüber in den letzten zehn Jahren konzentriert. Während Anfang der 2000er-Jahre rund 900 Greenteams Raum für jugendliches Engagement bei Greenpeace boten, gibt es heute bundesweit rund 100 stabile Greenpeace-Gruppen in Städten, in einigen auch Jugend-AGs und spezielle Teams50plus-Gruppen. Bei Greenpeace hat sich zudem mit dem Greenwire eine online Diskussionsplattform zu Kampagnenthemen und Themenentwicklung herausgebildet.

Neben den großen Umweltorganisationen gibt es insbesondere im Natur-, aber noch viel stärker im Klimaschutz – und hier vor allem seit 2010 – einige mittlere und viele kleinere, jeweils sehr agile und thematisch fokussierte Organisationen, die ebenfalls wichtige Funktionen innerhalb der Umwelt-, Klima- und Naturschutzbewegung übernehmen.

Die Strukturdaten insbesondere der großen Umweltorganisationen seit 1990 sind beeindruckend und verdeutlichen, dass steigende inhaltliche Präsenz und strukturelles Wachstum zwei Seiten einer Medaille sein können. Allerdings gibt es nunmehr Anzeichen, dass die Phasen des scheinbar immerwährenden strukturellen Wachstums der Organisationen vorbei sein könnten. Noch ist es zu früh für eine finale Bewertung, und die Herausforderungen sind in jeder der großen Organisationen unterschiedlich gelagert. Aber die Meldung vom Frühjahr 2024, dass der WWF etwa ein Fünftel seiner etwa 400 Stellen als Reaktion auf zurückgehende Spenden abbaut, verdeutlicht, dass es nicht mehr nur um kleinere Anpassungen und Wachstumsschmerzen bei den großen Umwelt-NGOs geht. Denn auch NABU und der BUND haben mit stark gestiegenen Ausgaben und nicht adäquat wachsenden Einnahmen zu kämpfen. Es wird daher in den nächsten Jahren womöglich darauf ankommen, mit eher zurückgehenden Ressourcen den gleichen inhaltlichen Impact sicherzustellen.

Phasen der Umweltbewegung

Die Entwicklung der modernen Umweltbewegung zeigt auch, dass sie ihre Wirkmächtigkeit stets an die äußeren Rahmenbedingungen anpassen musste. Schwankungen in der öffentlichen Aufmerksamkeit zu Umwelt- und Klimathemen waren dabei normal. So gab es seit Mitte der 1980er-Jahre Phasen, in denen Umwelt- und Klimathemen besonders im Fokus standen (um 1986-1990; 2018 bis 2020) und Phasen, in denen das Umwelt- und Klimathema eher weniger stark gesellschaftliche Aufmerksamkeit genoss (ab 1994-1998 bzw. 2002-2005). Zwischen 2007 und 2017 ist eine allmähliche Wiedergewinnung der Mobilisierungskraft zu erkennen, die sich – ausgelöst durch die Fridays-for-Future-Bewegung – ab 2018 erheblich verstärkt hat. Insbesondere seit Februar 2022 sieht sich die

Umweltbewegung durch die Vielzahl an aktuellen Krisen neuen Herausforderungen gegenüber. Einerseits besteht die Gefahr eines Rückschritts in Umwelt-, Natur- und Klimaschutzpolitiken. Andererseits eröffnen sich durch tiefgreifende gesellschaftliche Veränderungen auch neue Chancen für grüne Themen und deren Umsetzung. Dabei lebt die Umweltbewegung mehr als jede andere gesellschaftsverändernde Kraft in Deutschland davon, dass der Rechtsstaat Rahmen setzt und beispielsweise Gerichte als wirksame Schiedsrichter fungieren.

Offen ist, ob die sich abzeichnende Krise der Demokratie in Deutschland zu einer dauerhaften Themenkonkurrenz führen wird. Die Instabilität und der Vertrauensverlust in demokratische Institutionen könnten grüne Themen verdrängen. Dies wäre besorgniserregend, da die Notwendigkeit, die planetaren Grenzen zu thematisieren, weiterhin besteht. Eine solche Verdrängung hat es in der neueren deutschen Geschichte bisher nicht gegeben.

Trotz immer offensichtlicherer Überschreitungen von planetaren Grenzen drohen Umwelt-, Naturschutz- und Klimathemen, nicht nur in Deutschland, sondern auch weltpolitisch, zunehmend in die Defensive gedrängt zu werden. Eng verknüpft mit zu beobachtenden Erosionserscheinungen der Demokratie sind Bedrohungen durch Rechtspopulismus und rechtsextreme Tendenzen. Auch Umweltorganisationen sehen sich zunehmend mit Übernahmeversuchen, Diskursverschiebungen und direkter Feindseligkeit von rechts konfrontiert. Insbesondere die Versuche, wissenschaftliche Fakten wie den Klimawandel zu negieren, können zu einem Rückschritt in der Umweltpolitik führen. Umweltorganisationen müssen daher nicht nur ihre Ehrenamtlichen sensibilisieren und schulen, sondern auch darauf achten, dass ihre eigene Kommunikation die gesellschaftliche Spaltung nicht weiter vertieft.

Auf die Durststrecke vorbereiten

Die weitere Auffächerung von gestaltenden Rollen (z. B. Change Agents) von Umweltorganisationen, so unsere These, wird sich – zumindest in den nächsten Jahren – so nicht fortsetzen lassen. Sind Klima- und Umweltthemen in der Gesellschaft weniger gefragt, bekommen auch Umweltorganisationen weniger öffentliche Aufmerksamkeit. Stattdessen wird die Diskursverschiebung hin zur Frage, ob Deutschland ein starker und stabiler demokratischer Rechtsstaat bleibt, auch die Handlungsspielräume für die Umweltbewegung insgesamt verändern. Ohne eine solche Entwicklung herbeireden zu wollen: Die Umweltschutzverbände sollten sich darauf vorbereiten, unter Druck zu geraten. Dieser Druck könnte sowohl von staatlichen Institutionen als auch von privaten Akteuren ausgehen. Ein Grund dafür ist das nachlassende gesellschaftliche Interesse an Umwelt-, Naturschutz- und Klimathemen und gleichzeitig der Einsdruck, Umweltverbände seien zu laut und zu einflussreich.

Die Gefahr von politischen Rückschritten und einer Durststrecke in der Umwelt- und Klimapolitik und damit in den Wirkungsräumen von Umweltorganisationen ist real. Wichtig ist, die Lage klar und ungeschminkt zu analysieren und eine strategische Neubewertung vorzunehmen, die die

veränderten Handlungsoptionen in den Blick nimmt.
Eine glaubwürdige Kommunikation der Umweltorganisationen wird dabei eine zentrale Rolle spielen. Der Befund, dass die Gesellschaft in Echokammern zerfällt, erfordert von ihnen eine Anpassung ihrer Kommunikationsstrategien. Dies beinhaltet unter anderem den Einsatz von Faktenchecks, die Ansprache ihrer Unterstützer*innen und die professionelle Nutzung von Social-Media-Kanälen. Um nicht den Rechtspopulist*innen das Feld zu überlassen, scheint auch die verstärkte Zusammenarbeit mit Influencer*innen sinnvoll zu sein.
Aus den Bauernprotesten von 2024 können Umweltorganisationen lernen, wie wichtig es ist, starke Bilder und punktuelle Mobilisierungen zu erzeugen, um mediale Aufmerksamkeit zu schaffen. Die Arbeitsteilung innerhalb der Umweltbewegung, die zwischen radikaleren und gemäßigteren Flügeln variiert, ist als Vorgehensweise potenziell vorteilhaft. Die Einschätzung, welche Protestformen in der Öffentlichkeit als legitim wahrgenommen werden, ist dabei erstaunlich unterschiedlich, wie der Vergleich zwischen den Bauernprotesten und den Aktionen der „Letzten Generation" zeigt. Obwohl beide ähnliche Mittel wie Straßenblockaden genutzt haben, ist die gesellschaftliche Akzeptanz bei der Letzten Generation mit fortlaufender Dauer ihrer Aktivitäten immer stärker zurückgegangen. Wünschenswert ist darüber hinaus, ein positives Framing gegen die um sich greifende Enttäuschung und den Pessimismus hinsichtlich eines wirksamen Natur- und Klimaschutzes zu schaffen. Lebensweltlich greifbare Kampagnen und Projekte können dezentral Erfolgsnachweise für den Suchprozess der Transformation erbringen.
Auch Umweltorganisationen sind dabei gefordert, demokratische Institutionen zu verteidigen, Räume für Bürgerbeteiligung zu bewahren und für die soziale Abfederung von Umwelt- und Klimaschutzmaßnahmen zu kämpfen.

Anmerkung

Dieser Artikel basiert auf der Studie „Struktur, Strategie und Bewegung. Entwicklung der Umweltorganisationen in Deutschland seit 2000" die vom UfU erarbeitet und Ende 2024 veröffentlicht wird. Sie wird unter: www.ufu.de/sued abrufbar sein.

Zu den Autor*innen

Michael Zschiesche ist Jurist und promovierter Ökonom. Franziska Sperfeld ist Diplom-Umweltwissenschaftlerin. Gemeinsam leiten sie das Fachgebiet Umweltrecht & Partizipation am Unabhängigen Institut für Umweltfragen e. V. (UfU).

Kontakt

Dr. Michael Zschiesche
Franziska Sperfeld
Unabhängiges Institut für Umweltfragen e. V.
E-Mail Michael.Zschiesche@ufu.de,
Franziska.Sperfeld@ufu.de

Spektrum Nachhaltigkeit

Die Wiederentdeckung der Atomkraft

Gefährliche Illusion und wachsende Risiken

Von Angela Wolff

„Wenn es um unsere Energie geht, müssen wir unsere eigene Energie erzeugen", verkündet Ursula von der Leyen im August 2024 bei der Globsec-Sicherheitskonferenz in Prag. „Eigene Energie", damit meint die EU-Kommissionspräsidentin erneuerbare Energiequellen, aber auch Atomkraft. Als Begründung führt sie insbesondere den russischen Angriffskrieg auf die Ukraine an. Der Glaube, so von der Leyen, dass wirtschaftliche Verflechtungen mit Russland ein Friedensgarant für den europäischen Kontinent wären, sei ein Trugschluss gewesen. Europa dürfe sich nicht mehr erpressbar machen. Dazu soll, der Präsidentin zufolge, auch der Ausbau der Atomkraft in der EU ein Beitrag sein. (1) Dass die EU, ebenso wie die USA, auch im dritten Kriegsjahr im Nuklearsektor keine Sanktionen gegen Russland verhängt hat, weil diese nach wie vor massiv von dessen Urangeschäften abhängig ist, erwähnt von der Leyen allerdings nicht.

Versteckte Kampfansage

EU-Klimakommissar Wopke Hoekstra schlägt vor, Europa solle nicht „schüchtern" sein, wenn es um die Atomkraft gehe. Der Niederländer will sich in der noch jungen Legislatur für den Ausbau der Atomkraft in der EU einsetzen. (2) Einer der lautesten Verfechter der angeblichen »Atom-Renaissance« ist jedoch zweifellos Frankreichs Staatschef Emmanuel Macron. „Die Atomkraft ist zurück", verkündet er im Dezember 2023 am Rande der Weltklimakonferenz (COP28) in Dubai der Weltpresse. Zuvor hatten 22 Staaten eine Verpflichtungserklärung unterzeichnet, wonach sie die globalen Kapazitäten des Atomenergiesektors bis 2050 verdreifachen wollen. Auch wenn die Erklärung rechtlich keine Bedeutung hat und die Atomindustrie aktuell weit davon entfernt ist, auch nur bestehende Kapazitäten zu erhalten, die Aufmerksamkeit der Weltöffentlichkeit ist Macron gewiss.
Im März 2024, folgt ein nächster medienwirksamer Auftritt. Die Internationale Atomenergiebehörde (IAEA) veranstaltet in Brüssel den ersten Atomgipfel. Das Ganze ist eine große Werbeveranstaltung,

---

Nachhaltigkeit – der Begriff hat in den Medien Konjunktur. Häufig bleibt die Berichterstattung jedoch an der Problemoberfläche. Nachhaltigkeit ist beim größten deutschen Umweltverband, der zwei große Studien über ein zukunftsfähiges Deutschland initiiert hat, und der *politischen ökologie* seit vielen Jahren gut aufgehoben. Deshalb suchen sie die Zusammenarbeit: In jeder Ausgabe gibt es an dieser Stelle einen Hintergrundbeitrag von einem oder einer BUND-Autor*in.

die Atomkraft als Heilmittel gegen Klimawandel verkauft. Sie wirkt. Rund 30 Staaten verpflichten sich im Zuge des Gipfels, sich gemeinsam dafür einzusetzen, „das Potenzial der Nuklearenergie voll auszuschöpfen". Dabei gehe es nicht nur darum, neue Atomkraftwerke zu bauen, sondern auch Laufzeitverlängerungen für alte Reaktoren zu erwirken. Dies sei der Weg zu Klimaschutz und Energieunabhängigkeit, so das Versprechen. Zugleich fordert die neue Atom-Allianz die Weltbank auf, Atomprojekte verstärkt zu unterstützen, und reklamiert, die Entwicklungsbanken würden „andere alternative Energieträger" bislang bevorzugt behandeln. Die vorsichtigen Formulierungen sind alles andere als harmlos. Sie zielen auf öffentliche Klimaschutzgelder ab und sind somit indirekt eine Kampfansage an die erneuerbaren Energien. (3)

Atomkraft gefährdet Klimaschutz

Die Behauptung, Atomenergie sei klimafreundlich, beruht auf dem Argument, dass AKW-Schornsteine keine CO_2-Emissionen ausstoßen. Diese Betrachtung greift nicht allein deshalb zu kurz, weil Atomkraftwerke in ihrem Lebenszyklus deutlich höhere Emissionen verursachen als erneuerbare Energien. Vielmehr geht es auch um eine realistische Einschätzung des Potenzials. Aktuell liegt der Anteil des Nuklearsektors an der globalen Stromerzeugung bei unter zehn Prozent. Bezogen auf die weltweite Netto-Energiemenge macht Atomkraft nur einen Bruchteil von etwa zwei Prozent aus. Das heißt, Atomenergie hat global betrachtet weder eine Relevanz für die Energieversorgung noch für den Klimaschutz. Sie ist eine Nischentechnologie, die noch dazu schrumpft, wie unter anderem die jährlichen Statistiken und Analysen des World Nuclear Industry Status Reports aufzeigen. (4)

Die Vorstellung, die Atomindustrie könne ihre Kapazitäten innerhalb der nächsten 26 Jahre verdreifachen, ist eine gefährliche Illusion. Denn sie stellt sich in Konkurrenz zu den erneuerbaren Energien und dem notwendigen Umbau des Energiesektors. Dabei droht sie zwei wichtige Ressourcen zu verschwenden, die im Kampf gegen den Klimawandel begrenzt zur Verfügung stehen: Zeit und Geld.

Gelder, die in den Erhalt und in den Ausbau der nuklearen Energiekapazitäten fließen, fehlen für die Transformation des Energiesektors. Das betrifft auch die Milliardensummen, die Staaten in die Erforschung vermeintlich neuer Reaktortypen und in die Kernfusion stecken. Sollten diese Konzepte, die seit vielen Jahrzehnten erfolglos erforscht werden, ihre technischen Probleme jemals überwinden, für den Klimaschutz kämen sie zu spät. Wenn von AKW-Neubau-Projekten die Rede ist, handelt es sich in erster Linie um die herkömmliche Druckwasser-Reaktortechnik mit allen bekannten Folgen und Sicherheitsrisiken. Planung und Bau eines Atomreaktors dauern durchschnittlich 20 Jahre und sind grundsätzlich mit hohen Risiken verbunden. So hat Frankreich in den letzten Jahrzehnten lediglich einen Reaktor gebaut – mit zwölf Jahren Verzug. Auch Großbritanniens einziger Neubau, Hinkley Point C, ist ein Desaster. Kostenexplosionen und extremer Zeitverzug sind beim Bau von Atomkraftwerken keine Ausnahme, sondern die Regel.

Zahlreiche wissenschaftliche Studien und Analysen zeigen, dass es machbar und sinnvoll ist, den Energiebedarf auch eines Industrielandes wie Deutschland zu 100 Prozent mit erneuerbaren Energien zu decken. Der Umbau des Energiesektors ist komplex und bedarf neben dem Ausbau erneuerbarer Energiequellen und der Erweiterung von Speicherkapazitäten auch Maßnahmen zur Steigerung der Energieeffizienz und -suffizienz. All dies lässt sich auf die Kilowattstunde gerechnet um ein Vielfaches schneller und kostengünstiger umsetzen als der Bau von Atomkraftwerken.

Tropf statt Renaissance
Vor diesem Hintergrund erscheint die Initiative der Atom-Allianz wie Realitätsverweigerung. Sie dient jedoch dem Versuch, Klimaschutzgelder in die Atomkanäle umzuleiten, um eine überlebte Technik zu retten. Die Atomindustrie braucht viel Geld. Denn sie betreibt die teuerste Form der Energieerzeugung. Der Neubau eines Atomkraftwerkes kostet im internationalen Durchschnitt etwa zehn Milliarden Euro. Die Schätzungen für Instandhaltungskosten im Zuge von Laufzeitverlängerungen reichen von Hunderten Millionen Euros bis zu mehreren Milliarden. Vor dem Hintergrund, dass das Durchschnittsalter der weltweiten Reaktorflotte bei rund 32 Jahren liegt, braucht die Atomindustrie enorm hohe Investitionssummen, will sie den Sektor am Leben halten. Dafür kommen in erster Linie öffentliche Gelder infrage. AKW-Projekte lohnen sich seit jeher nur, wenn Staaten das Ganze mit Steuergeldern subventionieren.
Dass in den kommenden Jahren neue Atomkraftwerke wie Pilze aus dem Boden schießen, ist allerdings unrealistisch. Die von verschiedenen Staaten angekündigten Neubauvorhaben sind völlig unausgereift und werden allein schon aus Kostengründen in den meisten Fällen kaum über die bloße Ankündigung hinauswachsen. Wahrscheinlich sind dagegen eine ganze Reihe von bereits geplanten Laufzeitverlängerungen für Reaktoren, die eine Betriebsdauer von 40 Jahren überschritten haben. Auch die Wiederinbetriebnahme bereits stillgelegter Reaktoren ist möglich, wie unlängst von den USA angekündigt. Dort soll ab 2028 das AKW Three Mile Island wieder Strom produzieren. Die Anlage bei Harrisburg in Pennsylvania wurde weltweit bekannt, nachdem 1979 in einem der Reaktoren eine partielle Kernschmelze eintrat. Sowohl die Wiederinbetriebnahme alter Reaktoren als auch Laufzeitverlängerungen stellen ein enormes Sicherheitsrisiko dar. Denn der Reaktorkern, der in der Betriebsphase enormen Belastungen ausgesetzt ist, kann nicht erneuert werden. Bei bereits stillgelegten Atomkraftwerken kommt neben technischen Risiken hinzu, dass in den meisten Fällen ursprüngliches Fachpersonal, das die Eigenheiten einer Anlage kennt, nicht mehr zur Verfügung steht. Das Unfallrisiko wächst.

Nur eine „Schönwetter-Technologie"
Gleichzeitig wird immer deutlicher, dass die Atomtechnik weder den Herausforderungen des Klimawandels gewachsen ist, noch den geopolitischen Entwicklungen mit zunehmenden Kriegs- und Terrorgefahren. Dürren haben in den vergangenen Jahren wiederholt dazu geführt, dass Atomkraftwerke zeitweise abgeschaltet werden

mussten, weil angrenzende Flüsse zu wenig Wasser für die Kühlung der Kraftwerke führten. Insbesondere im atomfreundlichen Frankreich hat das teils zu massiven Ausfällen in Sommer- und mitunter auch in den Wintermonaten geführt. Die Zunahme von Extremwetter-Ereignissen bedroht auch Atomanlagen in Küstennähe, die von Überschwemmungen betroffen sein können. Atomkraft ist eine „Schönwetter-Technologie". Sie ist nicht katastrophentauglich und entsprechend auch kein Garant für Versorgungssicherheit. Im Gegenteil, Atomkraftwerke sind sogar darauf angewiesen, dass im Falle eines Störfalls die externe Stromversorgung erhalten bleibt, damit die Kühlsysteme für den Reaktorkern und für nassgelagerte abgebrannte Brennelemente weiterhin funktionieren. Andernfalls drohen schwere Unfälle bis hin zur Kernschmelze. Dies beschreibt eine der Gefahren, die im Kontext des Krieges in der Ukraine von Bedeutung ist. Zeitgleich beobachten wir seit Beginn des Krieges, dass der Aggressor Russland nicht davor zurückschreckt, die Atomkraftwerke des Landes selbst als Waffen einzusetzen und gefährlichen Drohnenangriffen auszusetzen.

Trotz der wachsenden Risiken verfangen die leeren Versprechen von der sicheren, sauberen und billigen Atomenergie in der Öffentlichkeit und in der Politik. Denn sie suggerieren, mit Atomkraft seien unsere Energieprobleme in Zukunft gelöst. Das mag einfacher klingen als Veränderung – es ist aber eine Illusion.

Quellen

(1) www.manager-magazin.de/politik/ursula-von-der-leyen-eu-kommissionspraesidentin-will-ausbau-der-atomkraft-a-cc7ae3b3-4def-47c5-9a0b-93959d84b508

(2) www.welt.de/wirtschaft/article253856416/Atomkraft-EU-Klimakommissar-Hoekstra-fordert-Ausbau-der-Kernenergie.html?icid=search.product.onsitesearch

(3) www.br.de/nachrichten/deutschland-welt/was-30-staaten-zum-schnelleren-ausbau-von-atomenergie-planen,U7g9zDy

(4) /www.worldnuclearreport.org

Zur Autorin

Angela Wolff hat Medien- und Kulturwissenschaften studiert. Sie ist Referentin für Atompolitik und Klimaschutz beim BUND. Zuvor war sie Sprecherin des BUND-Arbeitskreises Atomenergie und Strahlenschutz und war als Campaignerin bei der Anti-Atom-Organisation ausgestrahlt tätig.

Kontakt

Angela Wolff
Bund für Umwelt und Naturschutz Deutschland e. V. (BUND)
E-Mail Angela.Wolff@bund.net

Nachhaltige Finanzwirtschaft

Nur grün greift zu kurz

Von Helge Wulsdorf

▬▬▬ Keine Frage: Nachhaltigkeit bestimmt das Finanzwesen Zug um Zug. Motor dieser kaum mehr zu stoppenden Dynamik ist nach wie vor die europäische Regulierung. Sie gibt vor, wer sich wie und wofür das Label „nachhaltig" auf die Fahnen schreiben darf und wer nicht. Bislang sind es aber lediglich ökologische und Klimaaspekte, die den Nachhaltigkeitsanspruch erfüllen. Herzstück dieser Entwicklung hin zu einer nachhaltigen Finanzwirtschaft (Sustainable Finance) ist die EU-Taxonomie, die solche Wirtschaftsaktivitäten als nachhaltig deklariert, die einem der sechs dort verankerten Umweltziele nachkommen, ohne den anderen dabei zuwiderzulaufen. So wichtig und unumstritten das Erreichen von Klima- und grünen Zielen auch ist, die derzeit vereinseitigende Fokussierung auf ökologische Herausforderungen ist für den ganzheitlichen Ansatz einer nachhaltigen Entwicklung keineswegs zielführend. Als integrales Querschnittskonzept für eine zukunftsgerechte Gestaltung der Weltgesellschaft umfasst eine nachhaltige Entwicklung neben der ökologischen Dimension gleichermaßen die soziale und ökonomische. (1)

Deutlich wird der Dimensionen-Dreiklang der Nachhaltigkeit in den 17 von den Vereinten Nationen im Jahr 2015 verabschiedeten Zielen für nachhaltige Entwicklung (Sustainable Development Goals, SDGs). Sie definieren weltweit den inhaltlichen Referenzrahmen für eine nachhaltige Entwicklung. In dem im Jahr 2018 von der EU verabschiedeten Aktionsplan „Finanzierung wirtschaftlichen Wachstums" – dem Grundpfeiler für ein nachhaltiges Finanzwesen – werden die SDGs neben dem Pariser Klimaabkommen als zentrale Legitimationsquelle aufgeführt. Trotzdem blendet die EU-Regulatorik die international anerkannte soziale Dimension der Nachhaltigkeit immer noch weitestgehend aus. Eigentlich sollte der Umwelt- eine Sozial-Taxonomie folgen. Diesem Anspruch kommt die EU allerdings nicht nach und auch im neu gewählten EU-Parlament zeichnen sich zurzeit keinerlei Bestrebungen ab, diesem Mangel Abhilfe schaffen zu wollen.

Der weiße Fleck der EU-Regulatorik
Solange das Soziale der weiße Fleck der EU-Taxonomie ist, bleibt sie defizitär und damit unvollendet. Zu diesem Ergebnis kommt auch die kürzlich von dem auf soziale Gerechtigkeit in der Weltwirtschaft spezialisierten Südwind-Institut herausgegebene Studie „Neuberechnung in Gang". (2) Seit 2022 liegt lediglich ein erster Abschlussbericht zu einer möglichen Sozial-Taxonomie vor. Man muss allerdings kein großer Prophet sein, um zu erkennen,

dass das Projekt in der EU mit hoher Wahrscheinlichkeit auf Eis gelegt ist. Lediglich auf Kriterien für einen sozialen Mindestschutz, wie sie in den Leitprinzipien für Wirtschaft und Menschenrechte der Vereinten Nationen und den OECD-Leitsätzen für multinationale Unternehmen festgehalten sind, wird in der EU-Regulatorik zurückgegriffen, ohne sie jedoch als eigenständigen Taxonomie-Bestandteil systematisch und konzeptionell zu entfalten. Dass es auch anders geht, zeigt ein Blick über die europäischen Landesgrenzen. Brasilien, Mexiko und die Philippinen haben bereits soziale Ziele in ihren Taxonomien verankert, weitere Staaten planen dies.

Die Südwind-Studie führt einige Gründe an, die für die Notwendigkeit einer sozialen Taxonomie sprechen. Sie würde beispielsweise dazu führen, dass ähnlich wie in der Umwelt-Taxonomie soziale Wirtschaftsaktivitäten identifiziert werden, die sich als nachhaltig definieren lassen. Die soziale Nachhaltigkeitsdimension würde damit vergleichbar werden und eine verbesserte Datenverfügbarkeit und -qualität anstoßen. Dem ganzheitlichen Nachhaltigkeitsanspruch wird aber nur dann Rechnung getragen, wenn soziale Nachhaltigkeitsaktivitäten ihren berechtigten Stellenwert in der Regulatorik neben Umwelt- und Klimafragen bekommen. Das eigentliche Ziel beim Thema Sustainable Finance ist, Investitionen in nachhaltige Geschäftsaktivitäten und -modelle zu lenken, nicht nur in grüne. Das muss man sich immer wieder vor Augen führen. Es geht hierbei um Milliarden-, wenn nicht Billionenvolumen, die zu mobilisieren sind. Eine soziale Taxonomie würde zusätzliche Investitionen in soziale Nachhaltigkeitsaktivitäten anstoßen. Ganz zu schweigen von der Finanzierung sozial-ökologischer Transformationsaktivitäten, die für die nachhaltige Entwicklung von Menschheit, Gesellschaft und Umwelt unverzichtbar sind. Erforderliche soziale Anforderungen an Transitionspläne mit entsprechenden Meilensteinen für Unternehmen stehen bislang, wenn überhaupt, nur rudimentär auf deren Agenda – auch hier bestimmen ökologische Aspekte weitestgehend das Transformationsgeschäft.

Die Südwind-Studie fordert abschließend von der Europäischen Kommission, dass sie den sozialen Faden wieder aufnehmen muss, will sie den eigenen Ansprüchen an eine nachhaltige und soziale Gesellschaft sowie den Zielen der SDGs Rechnung tragen. Das Fazit der Studie: „Nur mit einer Vision für soziale Ziele kann die EU die sozialen Herausforderungen kommender Jahre stemmen, zum Beispiel die alternden Gesellschaften, die den Ausbau des Gesundheits- und Pflegesektors erfordern, oder Investitionen in die Bildung von Kindern und Jugendlichen, wie auch derjenigen Arbeitnehmer*innen, die durch das Zurückfahren klimaschädlicher Industrien neu geschult werden müssen. [...] Eine soziale Taxonomie ist auch dafür das geeignete Instrument".

Nötige Investitionen in den Wandel

Dass die soziale Nachhaltigkeitsdimension in der EU-Regulatorik zum nachhaltigen Finanzwesen eher ausgeblendet ist, muss auch dahingehend verwundern, da sie in anderen regulatorischen Dokumenten gleichberechtigt neben ökologischen Aspekten zum Tragen kommt. In den Mindestanforderungen an das Risikomanagement (MaRisk) legt zum Beispiel die Bundesaufsicht für das Finanzwesen (BaFin) unmissverständlich dar, dass die finanziellen Risiken ökologischer Geschäftsaktivitäten und -modelle ebenso zu ermitteln, zu bewerten und zu steuern seien wie soziale und ökonomische. Die finanzielle Bewertung sogenannter ESG-Risiken – also Risiken aus den Bereichen Umwelt (Environment), Soziales (Social) oder Unternehmensführung (Governance) – durchzieht das Dokument. Kreditengagements sollen demnach etwa mithilfe von ESG-Risikoklassifikationsverfahren beurteilt werden. Das heißt, für sie sind ESG-Scores zu ermitteln, mit denen im Kreditvergabeprozess das mögliche finanzielle Schadenrisiko anhand von Nachhaltigkeitsaspekten eingestuft wird. Dabei sind nicht nur physische und transitorische Klimarisiken von Bedeutung, sondern auch soziale und Governance-Risiken. ESG-Risiken sind inzwischen systematischer Kernbestandteil der Risikoinventuren von Banken.

Obschon in naher Zukunft wohl keine soziale Taxonomie auf den Weg gebracht werden wird, können soziale Nachhaltigkeitsgesichtspunkte in der europäischen Regulatorik an anderer Stelle verankert werden. Die geplante Überarbeitung der EU-Offenlegungsverordnung (OffVO) bietet die Chance, bei der Neudefinition von nachhaltigen Finanzprodukten soziale Kriterien verpflichtend zur Geltung zu bringen. Gleiches gilt für Transformationsprodukte, bei denen in Objekte mit belastbaren sozial-ökologischen Transitionspfaden investiert wird. Auch bei ihnen darf es nicht nur um die Definition von ökologischen und Klimaaspekten gehen. Nachhaltigkeits- und Transformationsprodukte haben gleichermaßen soziale Kriterien verpflichtend auszuweisen. Ziel muss es sein, auf europäischer Ebene endlich ein konsistentes ESG-Gesamtregelwerk zu schaffen, das den sozial-ökologischen Anforderungen einer nachhaltigen Entwicklung gerecht wird. Soll (privates) Kapital für die sozial-ökologische Transformation der Wirtschaft glaubwürdig und zielführend mobilisiert werden, bedarf es nicht nur einer Umwelt- und Sozial-Taxonomie. Ebenso ist eine sogenannte Transitions-Taxonomie notwendig – eine Forderung, die auch in der Südwind-Studie erhoben wird. Bei einer Taxonomie-Erweiterung sollte man allerdings genau prüfen, was, wie, in welcher Regulierungsdichte und -tiefe an Anforderungen notwendig ist, um sich nicht wie bei der Umwelt-Taxonomie in einer (Über-)Fülle an Datendetails zu verlieren.

Von Green zu Sustainable

Beim derzeitigen Stand der Taxonomie-Entwicklung spricht alles für Green Finance, ein grünes Finanzwesen. Die Kennziffer Green Asset Ratio (GAR), mit der die taxonomiefähigen beziehungsweise -konformen Anteile an der Bilanz eines Unternehmens berechnet werden, bringt diesen Umstand zum Ausdruck. Für ein im wahrsten Sinne des Wortes nachhaltiges Finanzwesen, was ursprüngliches Bestreben der EU-Regulatorik ist, wäre die GAR zu einer Sustainable Asset Ratio (SAR) weiterzuentwickeln, die neben ökologischen auch soziale und andere Nachhaltigkeits- bis hin zu Transformationsaspekten ausweist. Zweifelsohne ist dies ein anspruchsvolles Konzept. Aber nur so wird deutlich, welche Investitionen und Finanzierungen wirklich auf die sozio-ökologischen Nachhaltigkeits- und Transformationsziele nationaler und internationaler Staatengemeinschaften einzahlen. Schließlich sollten alle nachhaltigen Investitionen von Finanzunternehmen in solch einer Kennziffer abgebildet werden können.

Gerade für Kreditinstitute, die wie die Kirchenbanken die Sozialwirtschaft finanzieren, ist es von zentraler Bedeutung, ob solche Finanzierungen wirklich nachhaltig sind oder nicht. Solange Investitionen und Finanzierungen im Bereich der Sozialwirtschaft nicht als nachhaltig deklariert werden können, ist deren Ausweis als nachhaltige Geschäftstätigkeiten, deutlich niedriger als bei anderen Kreditinstituten, obwohl sie auf Nachhaltigkeit spezialisierte, etablierte Bankhäuser sind. Eine soziale oder auch ganzheitliche Transitionstaxonomie legt nicht nur die Nachhaltigkeitsinvestitionen derjenigen Banken offen, die die Sozialwirtschaft finanzieren, sie würde sich darüber hinaus auch positiv auf deren Kreditkonditionen auswirken können – ein bislang wenig diskutierter Vorteil für die Sozialwirtschaft. Schließlich ist und bleibt es das Ziel, über die Sozial- und die Umwelt-Taxonomie Kapital für ein nachhaltiges Finanzwesen dauerhaft zu mobilisieren. ____

Quellen
(1) Wulsdorf, H. (2023): Zur steilen Karriere eines Begriffs – der Weg der Nachhaltigkeit in das Finanzwesen. In: Kaiser, T. / Mervelskämper, L. (Hrsg.): Effektives Management von ESG-Risiken in Finanzinstituten. Berlin, S. 19-33.
(2) Südwind e. V. – Institut für Ökonomie und Ökumene (Hrsg.) (2024): Neuberechnung in Gang. Warum die EU-Taxonomie nur mit sozialer Dimension zum Ziel führt. Hamburg.

Zum Autor
Helge Wulsdorf ist promovierter Sozialethiker, Diplom-Theologe und Bankkaufmann. Seit 2003 leitet er die Abteilung Nachhaltige Geldanlagen bei der Bank für Kirche und Caritas. Er war Vorstandsmitglied im Forum Nachhaltige Geldanlagen e. V. (2004-2022), Dozent an der EBS Business School (2019-2023) und Mitglied des Sustainable-Finance-Beirats der Bundesregierung (2019-2021).

Kontakt
Dr. Helge Wulsdorf
Bank für Kirche und Caritas eG.
E-Mail helge.wulsdorf@bkc-paderborn.de

: Impressum

Haben Sie eine der letzten Ausgaben verpasst? Bestellen Sie einfach nach!

pö 174 Globale Wasserkrise
Lebenselixier unter Druck.
18,95 €

pö 177 Planetare Gesundheit
Wie Mensch und Ökosysteme
gesunden. 19,95 €

pö 178 Klimagerechtigkeit
Fundament des sozial-ökologischen
Wandels. 19,95 €

Das Gesamtverzeichnis finden Sie unter **www.politische-oekologie.de**, E-Mail neugier@oekom.de

Impressum

politische ökologie, Band 179
Balanceakt
Vom Umgang mit Kipppunkten
Dezember 2024
ISSN (Print) 0933-5722, ISSN (Online) 2625-543X,
ISBN (Print) 978-3-98726-129-9 ePDF-ISBN 978-3-98726-394-1
Verlag: oekom – Gesellschaft für ökologische Kommunikation mit
beschränkter Haftung, Goethestraße 28, D-80336 München
Fon ++49/(0)54 41 84-200, Fax -49,
E-Mail info@oekom.de
Herausgeber: oekom e. V. – Verein für ökologische Kommunikation,
www.oekom-verein.de, E-Mail info@oekom-verein.de
Chefredakteur: Jacob Radloff (verantwortlich)
Stellvertr. Chefredakteurin und CvD: Anke Oxenfarth (ao)
Redaktion: Marion Busch (mb)
Schlusskorrektur: Silvia Stammen
Gestaltung: Lone Birger Nielsen
E-Mail nielsen.blueout@gmail.com
Anzeigenleitung/Marketing: Karline Folkendt,
oekom GmbH (verantwortlich),
Fon ++49/(0)54 41 84-217
E-Mail anzeigen@oekom.de
Bestellung, Aboverwaltung und Vertrieb:
Aboservice oekom, Postfach 1363, 82034 Deisenhofen
Fon ++49/(0)89/85 853-860
E-Mail oekom@cover-services.de
Vertrieb Bahnhofsbuchhandel: DMV Der Medienvertrieb
GmbH & Co. KG, Meßberg 1, 20086 Hamburg

Druck: Kern GmbH, In der Kolling 120, 66450 Bexbach.
Gedruckt auf FSC®-zertifiziertem Recyclingpapier.
Bezugsbedingungen: Jahresabonnement Print:
für Institutionen 138,40 €, für Privatpersonen 79,20 €,
für Studierende ermäßigt (gegen Nachweis) 59,20 €.
Print + Digitalabo Institution: 242,00 €, privat: 122,60 €,
ermäßigt (gegen Nachweis): 91,90 €. Alle Preise zzgl. Versandkosten.
Preise gültig ab 01.01.2025. Das Abonnement verlängert sich automatisch,
wenn es nicht sechs Wochen vor Ablauf schriftlich gekündigt wird.
Einzelheft: 19,95 € zzgl. Versandkosten. E-Book-Preis: 15,99 €.
Konto: Postbank München,
IBAN DE59 7001 0080 0358 7448 03, BIC PBNKDEFF.
Nachdruckgenehmigung wird nach Rücksprache mit dem Verlag in der
Regel gern erteilt. Voraussetzung hierfür ist die exakte Quellenangabe
und die Zusendung von zwei Belegexemplaren. Artikel, die mit dem
Namen des Verfassers/der Verfasserin gekennzeichnet sind, stellen nicht
unbedingt die Meinung der Redaktion dar. Für unverlangt eingesandte
Manuskripte sind wir dankbar, übernehmen jedoch keine Gewähr.
Bildnachweise: Adobe Stock: Titel: stenkovlad, S. 14-15 carina furlanetto,
S. 19 SIBPOP, S. 39 fotovika, S. 73 mast3r, S. 121 Bos Amicor;
S. 35 Gute Unternehmensfotos, S. 54 Kerstin Rolfes, S. 91 Niko-Martin.

Die Deutsche Nationalbibliothek – CIP-Einheitsaufnahme. Ein Titeleinsatz
für diese Publikation ist bei der Deutschen Nationalbibliothek erhältlich.

Die automatisierte Analyse des Werkes, um daraus Informationen insbesondere über Muster, Trends und Korrelationen
gemäß § 44b UrhG („Text und Data Mining") zu gewinnen, ist untersagt.

Vorschau
Nachhaltige Landnutzung

politische ökologie (Band 180) – April 2025

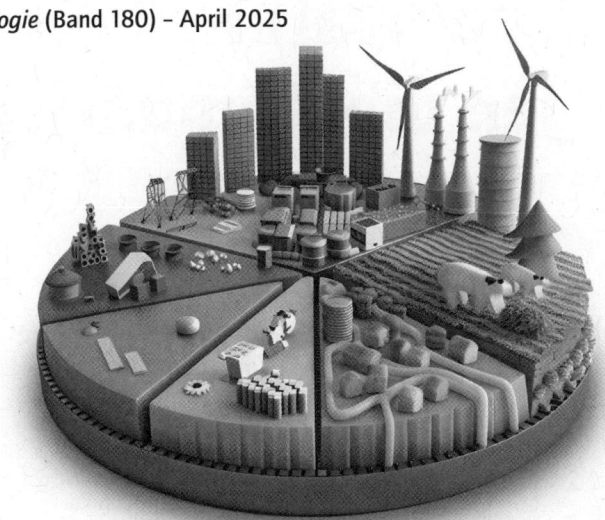

Die Ressource Land ist begrenzt, doch die Nachfrage danach wächst unentwegt. Die Nutzungsansprüche sind vielfältig – von Lebensmittelproduktion über Siedlungsbau bis zu Energiegewinnung. Kein Wunder, dass es vermehrt zu Nutzungskonflikten kommt. Gleichzeitig erfordert der Schutz von Natur, Klima und Biodiversität neue Ansätze im Landmanagement. In diesem Spannungsfeld braucht es nachhaltige Landnutzungsstrategien und neue Formen der Zusammenarbeit zwischen Politik, Wirtschaft und Zivilgesellschaft.

Wie kann eine nachhaltige und gerechte Landnutzung konkret aussehen und welche Voraussetzungen müssen dafür erfüllt sein? Die *politische ökologie* beleuchtet aktuelle und kommende Herausforderungen, die bei der Nutzung der knappen Ressource entstehen. Um die Lücke zwischen dem Bewusstsein für den Bedarf nachhaltiger Landnutzungskonzepte und deren praktischer Umsetzung zu schließen, präsentiert sie praxistaugliche Lösungsvorschläge.

Die ***politische ökologie*** (Band 180) erscheint im April 2025 und kostet 19,95 €
Print-ISBN 978-3-98726-149-7, ePDF-ISBN 978-3-98726-423-8

Mit der Natur gegen die Klimakrise

Klaus Wiegandt (Hrsg.)
3 Grad mehr
Ein Blick in die drohende Heißzeit und wie uns die Natur helfen kann, sie zu verhindern

352 Seiten, Klappenbroschur, vierfarbig mit zahlreichen Abbildungen, 25 Euro
ISBN 978-3-96238-369-5
Erscheinungstermin: 07.07.2022
Auch als E-Book erhältlich

»Die Natur ist voller Erfolgsgeschichten – nutzen wir die Weisheit der Evolution!«
Hans J. Schellnhuber

Die Forschung geht längst davon aus, dass wir auf eine 3 Grad wärmere Welt zusteuern – ein verheerendes Szenario für die Menschheit. Das Buch zeigt, was uns bevorsteht und wie wir das Ruder noch herumreißen können – mit Lösungen aus dem Fundus der Natur.

oekom.de   DIE GUTEN SEITEN DER ZUKUNFT   /// oekom